渋沢栄一　100の訓言

「日本資本主義の父」が教える黄金の知恵

渋澤 健

nbb
日経ビジネス人文庫

まえがき

なぜ、いま、渋沢栄一なのか。

二〇一〇年のＮＨＫ大河ドラマ『龍馬伝』では、三菱財閥の創始者となる岩崎弥太郎の視点から、坂本龍馬の生きざまを描いています。実業界における弥太郎の最大のライバルは、渋沢栄一であったと言われています。

弥太郎は有能な人物が経営と資本を独占すべきと主張したのに対し、栄一は経営と資本の分離を基本に、株式を介して大勢が利益を得ると共に国全体を富ます合本主義を主張し、両者は対立したというのが一般説です。

実際のところはお互いに手を貸している事実もあり、この二人の偉人の関係を正確に描くには、テレビのドラマでは複雑過ぎるのかもしれません。

日本初の銀行など、およそ五〇〇の会社と六〇〇の教育福祉事業の設立に関与した功績により「日本の資本主義の父」と言われる栄一が、九一歳という長い生涯を終えたのは一九三一年でした。

その三〇年後の一九六一年、私は栄一の玄孫（孫の孫）として生を受けました。子どもの頃からアメリカで育ち、社会人となって帰国しても外資系企業に勤めた私は、栄一のことを強く意識してきませんでした。

栄一が残した言葉に直接触れてみようと思ったのは、一〇年ほど前のことです。自分で会社を興すことを意識し始めた頃でした。

この研究の過程で、栄一の言葉に自分なりの現代解釈を付けてブログに書き込むようになり、その後数年をかけて貯まったコンテンツを整理し、単行本『巨人・渋沢栄一の富を築く１００の教え』として刊行したのは二〇〇七年のことでした。編集者も入念に手を入れた自信作であり、重版もかかりました。

思い入れのあるこの作品が、この度、日本経済新聞出版社のご厚意で文庫本として棚に並ぶことを非常に嬉しく感じております。

なぜなら、三年前と比べると、ますます栄一の訓言を必要とする時代環境になったと感じるからです。

坂本龍馬や岩崎弥太郎のように、渋沢栄一にも近年関心が高まっており、執筆や講演依頼が絶えません。

これは一九九〇年のバブル期をピークに、「失われた」日本の迷走が二〇年間続いている中で、今一度、本質を見直そうという日本社会の潜在的意識が浮かび上がっているからだと思います。

これは、単に自信を喪失した日本が輝いていた過去への逆戻りを望んでいるのではありません。むしろ、原点に立ち戻って、再び将来へと視線を向ければ視野が拓けてくる、と感じているのではないでしょうか。

そういう意味で、およそ一〇〇年前の思想に目を向けることは、過去を尊ぶためではなく、私たちの将来のために、現在から行動する際の指針になるのです。

ぜひ、この本が多くの方々の手に取っていただけることを願っております。

二〇一〇年七月吉日

渋沢栄一 100の訓言 ■ 目次

第2章 行いを研ぎすますための教え

第3章 規律を学ぶための教え

第4章 運のつかみ方を知るための教え

第5章　教育の理想を説いた教え

第8章 会社の本質を見抜く教え

第10章 世界とともに生きるための教え

第11章 お金儲けの哲学が光る教え

はじめに

なぜ、いま、渋沢栄一なのか

富を永続させるために

お金儲け――。

欲望にせよ、拒絶感にせよ、この言葉は人の感情を大きく動かし、ときにすさまじいインパクトを与えます。

現在の日本は、長期にわたった不況から脱しつつあると言われています。局部的には、不動産価格や株価がバブル期の高値を更新しています。「格差」が社会問題になっており、「ヒルズ族」や「セレブ」の派手な生活がメディアでもてはやされる一方、彼らに対する社会の陰湿な妬みもひしひしと感じ取れます。

つまり、われわれ日本人は、まだ自分たちが築いた豊かな生活には自信を持てていないのです。

ここに、見逃されがちになっている大きな問題があります。それは、「富を築くこと」と、その「富を永続させること」は必ずしも合致しないということです。

世の中には、「短期間で大金持ちになりたい」と考えて、夢のような話にお金を注ぎ込む人々がたくさんいます。彼らは例えば、「儲かる」と聞かされた株式や外債、あるいは不動産などに一気にお金を投じます。あるいは会社を起業した人は、莫大な利益を得ようと、上場を目指して猪突猛進《ちょとつもうしん》するかもしれません。

場合によっては、そういう人々の一部はうまくやって、大きな利益を上げます。彼らの自慢話は「ハウツー本」となって書店の棚に並び、ときどきベストセラーになります。

これは、成功した人々も、彼らにならって成功しようとハウツー本を買う人々も、ともに「富を築こう」という飽くなき欲望を持っていることの表れでしょう。つまり、人は「富を築き上げたい」という方向に強烈なパワーを発揮するのです。

それでは、「富を築くこと」は、「お金儲け」と同じことなのでしょうか。

いいえ、違います。

自分の「お金」あるいは「富」への思いを振り返ってみてください。本当は、私たち一人一人が心に感じる素朴な望みは「お金儲けをすること」だけではなく、「その富が永続すること」にあると気がつきませんか。

さきほど、儲けようとしていろいろな投資にお金を注ぎ込む人のうち、一部は成功すると述べました。ということは、その他の多くの人々は、特に成功しなかったり、ときには投資した分をまるまる失って、大損したりする場合もあるわけです。また、一度は儲かっても、その後失敗して、お金の多くを失うケースもあります。

せっかく努力して儲けたお金が夢のように消えてしまうことなど、願う人は誰もいません。つまり、富とは、手に入れるだけではなく、永続させなければなりません。「富が永続すること」こそ、本当の意味で「富を築くこと」なのです。

渋沢栄一の数々の名言

そんな恐ろしくも魅力的な「富」について、すでに一〇〇年以上前から、その本質を喝破し、いくつもの名言を残していた人物がいます。いわく、

「富というものは上手くできていて、それを独り占めしようとすると永続しない」

「しかし、大勢の民衆の一人一人の富の永続性を構築できうれば、一つ一つの事業、そして地域社会や国の発展につながる」

「富とは、決して卑しいものではない。国力の源である」

……などなど。

このような高き理想を語っていたのは、日本が近代経済社会へと歩み始めた明治時代に活躍した実業家、渋沢栄一《しぶさわえいいち》です。五〇〇社もの会社を起こしただけでなく、経済活動に中国の古典『論語』などに基づく倫理的な価値観を導入した彼は、「日本資本主義の父」と呼ばれました。私は渋沢栄一の、孫のそのまた孫に当たります。

渋沢栄一の語った「富」に関する卓見は、そのまま現在の日本に当てはめてもまっ

たく古びていない――。そう考えたのが、私が本書を書こうと思ったきっかけでした。

しかし、そう言うと、おそらくこんな反応が返ってくるでしょう。

「現在は二一世紀だよ。いくら日本経済史上の巨人でも、一九世紀から二〇世紀初めに活動した人物の思想が、本当にわれわれに関係あるの?」

もちろん、大いにあります――というのが私の答えです。

二一世紀に入って、経済をめぐる情勢はすさまじい勢いで変化しています。時代の寵児《ちょうじ》と呼ばれた若手起業家が、「金がすべてだ」「儲けて何が悪い」などと吠えながら自由自在に飛び回っていると思いきや、瞬く間に羽を容赦なくもぎ取られ、塀の中に落ちていきます。

「お金儲け」という言葉が、社会の各所で卑しく響き始めている。

悲しいかな、これが、二一世紀日本の現状です。

では、これは現在の日本だけの、独自の現象なのでしょうか。拝金主義的に新しい市場主義の時代を切り開こうとする勢力と、旧時代の秩序を依然として守ろうとする勢力の価値観が衝突しているから、こんなことが起こっているのでしょうか。

答えは「NO」です。

実は一九世紀、明治の初期に日本の新しい時代を切り開こうとした勢力も、まったく同じように保守的な勢力とぶつかっていました。そういう意味で、歴史は繰り返しているのです。その新しい時代のパイオニアとして経済界に新たな秩序を打ち立てたのが、渋沢栄一だったのです。

壮大なグランド・デザイン

日本は、江戸時代という長期安定期を築くことに成功しました。しかし、それがいくら素晴らしいものであっても、同じ秩序を単純に守り抜くだけでは、激変する世界情勢の中で国の機能は麻痺し、いずれ大きな危機に直面する。このように先を見据えた渋沢栄一が提唱し、実行したイノベーションは、実は「民営化」でした。

世界の競合相手に日本が立ち向かうには、拡散している民力を結集して高めるしかない。そのために、民間企業は政府に頼っていてはならない。自ら動いて、国の発展に貢献できるインフラを築き上げなければならない——。

これが、明治初期に渋沢栄一が描いた壮大なグランド・デザインでした。

彼はそれを実践に移そうと志し、やがて日本初の銀行の創立や、日本へ株式（合本）制度を導入するなど、資本市場の基盤をがっちりと築きました。つまり、「民から公を創る」という一大構想を、文字通り旗を振って先導した民間人だったのです。

結局、渋沢栄一は「五〇〇社の企業を作った」という功績を後世に残します。まさに近代日本の「元祖ベンチャーキャピタリスト」というべき存在でした。

少しも難しくない『論語と算盤』

その一方で、渋沢栄一は、決して利益の追求ばかりに奔走していたわけではありません。

彼は、「CSR（企業の社会的責任）」や「社会起業家」といった言葉が二一世紀に流行する一〇〇年以上前に、その本質をすでに実行していた人物でもあります。渋沢栄一が関与した非営利活動団体の数は約六〇〇と言われ、これは営利を目的として創設した企業や各種団体の数、五〇〇を上回っています。

渋沢栄一の心には、「公のために尽くす」「利益を得たらそれを長期的に社会に還元しなければならない」といった、確固とした倫理観と道徳観がありました。

明治から大正という「日本資本主義の成長の時代」に、彼は「論語と算盤《そろばん》の一致」というスローガンを掲げて行動しました。『論語』に象徴される道徳と、お金を儲ける経済という、一見かけ離れた二つを融合させること。それが日本国の発展、そして築いた富を永続させるために不可欠である——という信念を持っていたのです。

現代人の多くにとって、『論語』というと、どこか堅苦しいイメージがあるでしょう。学生時代の難しい漢文の授業を思い出す人もいるかもしれません。また、この時代、「算盤」を使えるどころか、その漢字の読み方さえ知らない日本人も少なくないはずです。

実は、アメリカで少年期から青年期を過ごした私も、その一人でした。

しかし、数年前、自分の起業がきっかけで、渋沢栄一が残した数々の言葉を読んでみて、私はハッと気づきました。渋沢栄一のメッセージの本質は少しも難しい理屈ではない、と。

真の富を築いて永続させるために、どのような考え方をすればいいのか。考えるだけではなく、どのように感じ、行動すればいいのか。このような問いを常に自分の心に投げかけることを、栄一は一貫して勧めているのです。

「論語と算盤の一致」を説いた渋沢栄一の言葉は、講演録の『論語と算盤』という本に残され、他の著作や資料とあわせて、資本主義とそれを支えるべき倫理、道徳を雄弁に語っています。それはまさに「健全に富を築き、それを永続させるための教え」であり、いまこそ広く読まれてほしい叡智の塊なのです。

ドラッカーが渋沢栄一を絶賛

現在、そんな渋沢栄一の思想に着目しているのは、日本人だけではありません。例えば中国では、近年、急激に押し寄せてきた資本主義の荒波の中、一部の知的リーダー層には「社会の規律を築きたい」という思いが高まり、渋沢栄一の『論語と算盤』に関心が高まっているそうです。二〇〇六年、武漢の華中師範大学では、中国で（おそらく）初めて「渋沢栄一研究センター」が設立されました。

一方、「経営学の父」として有名なピーター・ドラッカーも、渋沢栄一を日本の経済人の理想像として、次のように絶賛しています。

「世界のだれよりも早く、経営の本質は『責任』にほかならないということを見抜いていたのである」（『世界』二〇〇六年四月号の寺島実郎氏連載「能力のレッスン」による）

ドラッカーがこう評したのは、いまからおよそ三〇年前、一九七四年刊行の『マネジメント』という本においてでした。資本主義に対する渋沢栄一の思想は、時代も国境も超えた普遍的なものなのです。

そんな彼のメッセージに、読者の皆さんがこの本を通じて親しんでいただければ、それはまさに、世界に通用する考えを身につける第一歩となるでしょう。

封建制度に怒る栄一青年

ここで、渋沢栄一の人生を改めて振り返ってみます。

渋沢栄一は、江戸時代末期の一八四〇年（天保一一年）に、現在の埼玉県深谷市に生まれました。生家は畑作や養蚕、藍《あい》問屋業などを手掛けていた農商家でした。彼は幼い頃から勉強好きで、七歳で『論語』を読んでいました。

実は、渋沢栄一の人生を決定づけた重要なポイントが、ここに二つあります。一つは、彼が武士階級に生まれなかったということ。もう一つは、かなり恵まれた教育環境にあったということです。

当時の支配階級、すなわち武士の家に生まれなかった渋沢栄一は、当時の世の中の限界や矛盾について、「なぜ？」と強烈な疑問を育みました。封建制度の現状に対する不満が、彼の中で大きくなっていったのです。そして、その気持ちは、学問によって広く知識を吸収するにつれ、ますます膨らんでいきました。

と言っても、渋沢栄一は勉強ばかりしていたわけではありません。剣道で心身を鍛え、村の闘犬で競争精神を養い、一三歳の頃にはすでに藍葉《あいば》商として大人顔負けの目利きになっていました。そうやって世の中を知る中で、彼の疑問や不満は、次第に怒りへと変わっていきました。

なぜ、さほど才能もなく、かといって汗を流して努力しようともしない人間が、武士に生まれただけで社会を支配できるのか？　特に代官などは、たまたま役所の立場に置かれただけなのに、なぜあれほど高いところからまわりを見下して偉そうな態度が取れるのか？　理不尽な階級制度に、若き渋沢栄一の腸《はらわた》は煮えくり返ります。

「智」と「情」と「意」を持って才能を発揮する人物が、向上できる新しい社会制度を創らねばならない――。若い彼の心の中で、こんな理想が育っていきました。

常に心がけたリスク・マネジメント

しかし、高い理想を持つ革命家は、どの時代でもなかなかそれを実現できません。社会の秩序を変えようとすると、抵抗勢力が牙をむいて反撃し、さまざまな妨害を受けたり、落とし穴にはめられたり、場合によっては生命を断たれたりします。

しかし、渋沢栄一は強運でした。少し話は飛びますが、彼は激動の時代にあって改革を進めながら、実に九一歳という長い生涯を完結しました。

では、なぜこのような強運に恵まれたのでしょうか。

私が見るところ、強運を生んだ渋沢栄一の生き方の一つに、「きっちりとしたリスク・マネジメントをした」という点があります。人生のリスク・マネジメントとは、明快な指針を定め、それに沿って「押すときは押すが、引くときは引く」と、柔軟に物事に対処することです。

特に「引く」ことは大切です。「押し」過ぎは自滅のもとです。腐った日本を改革するには幕府を倒すしかないと考えた青年時代の渋沢栄一は、高崎城を乗っ取り、横浜の外国人居留地を焼き討ちする計画を考えましたが、結局、実行しませんでした。もしこの無謀な計画を本当に実行していたら、彼の人生は二三歳で終わっていたことでしょう。

そうしたら、その後の渋沢栄一の功績は、歴史に残ることもなく、私を含む多くの子孫は現在存在していないことになります。こう考えると、「引く」ことの大切さを知っていた四代前の「曾々お祖父様」に、私は感謝したい思いでいっぱいになります。

また、渋沢栄一は「偶然というご縁」を常に大切にする人でもありました。「良い運は良い人とのご縁から生じる」というのが彼の信念でした。

では、どのように、その「良い人たちとのご縁」を得るか。そのためには、自分自身が「良い人」にならなければならない——。シンプルではありますが、これが渋沢栄一の一貫した姿勢でした。

強運の人

　幕府の体制に不満を募らせていた若き渋沢栄一は、自然と怪しい行動が目立つようになり、ついに役人から目をつけられて故郷を追われます。そのとき、今で言う勉強会のような会合で知り合い、目をかけてくれた平岡円四郎という一橋慶喜《ひとつばしよしのぶ》（後の一五代将軍徳川慶喜）の家来のおかげで、関所を通る手形をもらうことができ、一七日間かけて京都に上京します。一八六三年（文久三年）のことです。

　平岡は渋沢栄一に対し、「一橋家の家来になることで幕府の迫害から身を守るか、それとも牢屋で犬死にするか」と、一橋家に仕えるよう決断を迫ります。死を逃れるには一橋家に仕えるしかありませんが、それでも負けず嫌いの渋沢栄一は、「役に立つ人材を大量に採用すべき」とする意見書を殿様に差し上げることを条件に、仕官することになります。

　このような若者のわがままを許してくれたのですから、平岡円四郎という人は寛大だったのだと思われます。同時に、渋沢栄一の「目上の人にかわいがられる人柄」も窺《うかが》えて、興味深いところです。

　渋沢栄一が一橋家に仕え始めてからまもなく、平岡は水戸藩の志士によって暗殺されてしまいます。少し時間がずれて、もっと前に平岡が殺されていたら、当然彼から栄一に助けの手が差し伸べられることもなかったでしょう。そうなれば、栄一は幕府に捕らえられ、牢屋で犬死にしていたかもしれません。やはり、強運の人でした。

ヨーロッパ視察での衝撃

渋沢栄一は一橋家で、有能な人材選びや領内貿易の合理化、藩札の流通化などに手腕を振るいました。ところが、やがて彼に思わぬ運命の展開が訪れます。仕えていた慶喜が、一五代将軍に任命されたのです。

ほんの数年前には倒幕を計画していた若者が、今度は幕府の一員になってしまうというのですから、何とも皮肉な運命です。このとき渋沢栄一は、決して自分の過去の考えや立場に固執しませんでした。「国の発展に努めるという目的に沿っていれば、手段は柔軟でいい」という気持ちで、幕臣という新たな門をくぐることに決めたのです。結局はその決断が、次の幸運の扉を大きく開きました。

明治維新の前年の一八六七年（慶応三年）、慶喜の弟の昭武《あきたけ》がパリ万博視察のため、ヨーロッパに渡ります。このとき栄一は、使節団の下っ端のスタッフに任命されました。何年か前には外国人居留地を焼き討ちしようとした彼は、実際に外国の社会を見て、巨大な衝撃を受けます。

ナイフとフォーク、バター、コーヒーといった食卓に並ぶ日用品。ガス燈、電線、上下水道、病院などの社会的インフラ。そして工場、会社、取引所、銀行など、労働と資本を融合させ、富を生産する資本主義のシステム……。

渋沢栄一はあらゆることに驚き続けました。しかし、彼はただ呆然としているだけではなく、乾いたスポンジのように知識を次々と吸収していきました。

最初の投資でビギナーズ・ラック

このヨーロッパ旅行で、渋沢栄一が西洋流の資本主義を肌で体感したエピソードがあります。

使節団の資金勘定担当だった彼は、「お金は銀行に預けるより、公債か鉄道株を買った方が割がいい」と現地の世話人に勧められ、それに従って公債と鉄道株を買い付けます。それが「まるで普通の商売と同じであるのに感心した」そうです。そして、やがて徳川慶喜が大政奉還をすることになったため、使節団は急遽《きゅうきょ》帰国しなければならなくなり、栄一は買った公債と株を売ります。そのとき、

「株式の方は高くなっていて五〇〇円ばかりも儲かり、面白いものだと感じた」のだそうです。投資の結果がいい方に出たわけです。

もしもこのビギナーズ・ラックがなく、大損をしていれば、ひょっとすると渋沢栄一は「株式投資などバクチにすぎない」と吐き捨てていたかもしれません。その結果、資本主義のシステムを日本に導入して、国家と国民に富をもたらそうという大構想は生まれてこなかったことも考えられます。偶然とは、不思議なものです。

使節団がベルギーを訪れたときには、こんなことがありました。ベルギー国王が一行に対し、こう言ったのです。

「鉄をたくさん造る国は必ず金持ちになり、また、鉄をたくさん使う国は必ず強くなる。日本にもベルギーの鉄をぜひ買ってほしい」

渋沢栄一はびっくり仰天しました。一国の王様が、商品の売り込みを始めたからです。商売の話など、日本の武士や学者にとっては「卑しい」として見下す対象になる行為でした。それを西洋では、支配階級のトップが堂々とやっていたのです。

さらに渋沢栄一を最も驚かせたのは、銀行家（日本では金貸し商人として見下されていた存在）が、陸軍大佐（日本でいえば武士）を相手に、対等に国家の行方を論じ合っている光景でした。

江戸時代の身分制度の中で低く位置づけられていた「商人」が、高貴な「武士」と真剣に意見交換をしている。当時の日本では考えられないことでした。

しかし渋沢栄一は、この光景から、新時代における日本の発展と繁栄のヒントを得ました。「民へのエンパワーメント」、つまり、才能や能力、あるいはきちんと築いた富に応じた権限を民に直接与える――。それが新しい時代を豊かにするカギだと悟ったのです。

役人にスカウトされる

渋沢栄一らが帰国したとき、日本はすでに明治という新時代に突入していました。謹慎中の徳川慶喜がひっそりと暮らしている静岡で、一八六九年（明治二年）、栄一は外国で得た知識をもとに、商法会所という合本会社（株式会社の前身）を立ち上げます。まだ銀行がない時代、この会社は主に、いまで言うノンバンクのビジネスをしていました。地域の農家や商家へのお金の貸し付けや、物品の売買などが、業務の中心でした。

この新会社は軌道に乗る兆しが見えてきたものの、すぐに同年、渋沢栄一に対して明治新政府から「民部省租税正《そぜいのかみ》（現在で言う財務省主税局長）に任ずる」という辞令が下りました。パリ万博視察団での海外経験と、経理の腕が買われたのです。

しかし、当時の渋沢栄一は慶喜への義理も大いに感じ、また外国での経験をもとに日本の商業を繁栄させようという意欲に燃えているときでもありました。静岡にとどまる決意をした彼は、民部省租税正就任の話を断わろうと、大蔵大輔（現在の財務大臣）の大隈重信と直談判するため、東京に向かいました。

渋沢栄一は弁が立つ人でしたが、大隈重信はさらに上手でした。大隈から「君は一静岡より日本全体を富ませ、国家のために尽くすべきだ」と説かれ、納得してしまったのです。しかし栄一は、ただで承諾したわけではありません。一橋家に仕えたときと同じように、また出仕に条件を付けたのです。それは、「民部省に改正掛《かいせいがかり》（今で言えば構造改革局）を立ち上げてほしい」というものでした。

その後、渋沢栄一は租税正と改正掛長を兼任し、全国測量、度量衡の改正、租税の改正、紙幣制度、鉄道敷設……など、幅広い仕事を手がけていきます。

三三歳で銀行トップに

この役人時代、渋沢栄一はまた一つ大きな構想を考えます。それは、アメリカの例を参考にして「ナショナル・バンク」を日本に創立し、紙幣の兌換《だかん》性の信用を高めることでした。

「バンク」の日本語訳を「金行」にするか「銀行」にするか、かなり迷ったようです。結局、後者に決めて、政府の立場から「国立銀行」条例を立案しました。

ところが、ちょうどそのとき、渋沢栄一とその上司だった井上馨は、財政均衡について内閣と意見が対立し、共に（民部省が合併した）大蔵省を辞職します。栄一も、「カミナリ親父」と呼ばれた井上も、いつも互いの足を引っ張ろうとするお役所の縦割り行政体質にうんざりしたようです。

明治新政府の中核から民の立場に軸足を移し、民営化によって日本の活性化と発展を促す――。大蔵省を後にした渋沢栄一は、使命感に燃えるのでした。

結局、役人時代に彼が立案した条例をもとに、第一国立銀行が設立されることになりましたが、その主導権を握ろうとして、長年ライバルだった小野組と三井組が争っていました。しかし、退官した渋沢栄一が、その第一国立銀行の総監役を引き受けるということになって、ようやく両者の対立が収まりました。

そのとき一八七三年（明治六年）、渋沢栄一はまだ三三歳でした。日本という国自体もまだ若々しく、イノベーションの気風に満ちていた時代でした。

誤解されがちな点ですが、第一国立銀行は、国の条例によって成立した銀行という意味で「国立」でありましたが、資本構成はあくまでも民間によっていました。この銀行は合併を繰り返しながら歴史を重ね、現在は、みずほ銀行として存在しています。

設立当時の第一国立銀行の資本構成は、三井組が一〇〇万円、小野組が一〇〇万円、その他が四四万一〇〇円（そのうち渋沢栄一が四万円）でした。渋沢栄一は、現在で言えば、マイノリティ（少数派）投資によってオンハンズ経営の活動をするベンチャーキャピタルのような存在でした。

ただし彼は、第一国立銀行については、現在のベンチャーキャピタルファンドのように、エグジット（益出し）をしませんでした。結局、渋沢栄一は、四四年間という長い年月にわたって、第一国立銀行の頭取を務めることになります。

多くの企業家たちとコラボレーション

渋沢栄一が企業五〇〇社の創業に関与したことは前に述べましたが、そのすべてが成功したわけではありません。消滅して、現在では忘れられている会社も少なくありません。例えば、北海道でオットセイなどの海獣猟業を目的に発足した青木漁猟組という会社は、一八九四年（明治二七年）に設立され、一九〇三年（明治三六年）に解散しています。

しかし、現在も存続している企業ももちろん多く残っています。例えば、王子製紙、東京海上保険（現東京海上日動火災保険）、日本郵船、清水建設、東京電力、東京瓦《ガ》斯《ス》（現東京ガス）、東京石川島造船所（現ＩＨＩ）、帝国ホテル、東京製鐵、札幌麦酒会社（現サッポロビール）、帝国劇場（現東宝）、日本興業銀行（現みずほ銀行）、東京貯蓄銀行（現りそな銀行）、横浜正金銀行（現三菱東京ＵＦＪ銀行）、浅野セメント（現太平洋セメント）、川崎重工、日本鉄道会社・北越鉄道（現東日本旅客鉄道）、大阪紡績（現東洋紡）、澁澤倉庫……などがあります。

これらのすべてを、渋沢栄一が一人で作ったわけではありません。たくさんの企業家や資本家とコラボレーションをしたり、スポンサーとして関与して創業した結果です。コラボレーションと言えば、渋沢栄一は、三菱財閥の総帥・岩崎弥太郎と二代目の岩崎弥之助、三井物産創立者の益田孝、古河財閥の古河市兵衛、浅野財閥の浅野総一郎らと深い関係がありました。

いわゆる財界活動についても、渋沢栄一は先覚者であり、東京商法会議所（現東京商工会議所）の創立に関わっています。東京株式取引所の創立委員でもあり、現在の取引所は、兜町の旧渋沢邸の敷地内に隣接しています。

栄一は教育・慈善活動も熱心に行いました。一八七四年（明治七年）に東京養育院を創立し、そのトップとして実に五六年、年数では第一国立銀行頭取よりも長く務めました。他に一橋大学、東京女学館、日本女子大学、早稲田大学、二松学舎大学、聖路加国際病院、東京慈恵会医科大学付属病院、日本赤十字社、国際平和議会などの設立に尽力しています。

長く豊かな九一年の人生

一九〇九年に六九歳になった渋沢栄一は、多くの企業や団体の役員を辞任します。しかし、その活動が衰えることはありませんでした。世界情勢の動向を気にかけ、特に民間外交では老骨に鞭を打って働きました。

すでに一九〇二年（明治三五年）、渋沢栄一は初の民間経済視察団の団長として渡米し、ルーズベルト大統領と会見していました。その後、一九〇九年（明治四二年）にタフト大統領、一九一五年（大正四年）にウイルソン大統領、一九二一年（大正一〇年）にハーディング大統領に会見しています。当時のアメリカのメディアでは、「日本のGrand Old Man（長老）」と呼ばれ、親しまれていました。

第一次世界大戦後、アメリカで日本移民排斥運動などが起こり、日米関係が悪化していることに渋沢栄一は危機感を感じます。一九二七年（昭和二年）には日本国際児童親善会を設立し、日本の人形とアメリカの青い目の人形の交換をするなどの親善活動を行い、民間外交の草の根運動にも尽くしました。

欧米とだけでなく、栄一はアジアとの民間外交にも力を入れました。一九〇三年（明治三六年）、彼は大隈重信と共に、インドとの友好促進のため、日印協会を創設しています。一九一四年（大正三年）には日中の経済界の提携を目指して、中国を訪問しました。「アジアとの協調なくして日本の繁栄はない」という大きな流れを見通していたのです。

長く豊かな人生を送った渋沢栄一が永眠したのは一九三一年（昭和六年）、九一歳のときでした。

おじいさんのおじいさん

私は幼い頃、「渋沢栄一」という名を本で見て、友達に「これは僕のお祖父さんなんだよ」と言ったことがあります。すると、「そんなのウソだ！」と否定されてしまい、「アレ？　違うのかなぁ」と考え込んでしまったことを覚えています。

よく考えてみると、友達の反応が正しかったのです。正確な答えは「僕のお祖父さんのお祖父さん」だったのですから……。

幼い私は、渋沢栄一が「偉い人」だったと認識してはいたようですが、それほど強く先祖として意識していたわけではありません。そして、その後長らく、渋沢栄一のことを考えることはあまりありませんでした。

私は小学二年生のとき、旧東京銀行に勤める父の仕事の関係でアメリカに家族で引っ越しました。その後、大学を卒業するまで、アメリカでアメリカ人と共に生活し、成長してきました。日本に帰国した後も、社会人生活のほとんどを外資系金融機関に勤務して過ごしたため、「渋沢栄一」という存在は、本棚に並ぶ数冊の関連書籍の背表紙が思い出させてくれるくらいでした。

そんな私が渋沢栄一に関心を持ち始めたのは、六年ほど前のことです。そのとき私は、独立して自分で会社を起こそうと考えていました。

「そういえば、曾々お祖父さんの栄一さんは、五〇〇社も会社を立ち上げたと聞いたことがあるな。自分はいま、ちっぽけな会社を一つ立ち上げようとしている。栄一さんの残した言葉に、何か参考になるものがあるかもしれない」

こう思った私は、初めて、他人が描いた渋沢栄一像を読むだけではなくて、栄一が残した言葉を自分自身で検証してみようと考えました。幸運なことに、渋沢栄一に関する伝記資料は、まだアメリカに暮らしていた父・芳昭のもとに、電話帳何十冊分もが残っていました。私はさっそくそれらを取り寄せ、紐解いてみたのです。

現在の日本にそのまま使える教え

ところが、資料を読み始めようとした私は、大きな問題に直面しました。帰国子女である私にとって、旧漢字と旧仮名で記された昔の資料を読むことは、裸でアルプスに登るのに等しい試練だったのです。そこで強力な助っ人である父に頼み、面白そうなところを現代日本語に直してもらいました。

それを読んで、私は本当にびっくりしました。

一〇〇年ほど前の言葉であるにもかかわらず、その根底にある考えや思い、志は、現在の日本にそのまま「使える」ものだったのです。今後、二一世紀の日本社会を発展させ、よりよい方向へ導くためのメッセージが、渋沢栄一の言葉にはぎっしりと詰まっていました。私の父も、「栄一さんが偉い人であるとは知っていたが、ここまで偉いとは思わなかった。もうちょっと早くから勉強しておけばよかったなぁ」と、ぼやくことしきりでした。まったく呑気な親子だと言われればそれまでですが……。

こうして私は、「栄一さんの思想を、過去の遺物として教科書や史料館で尊ぶだけではもったいない。将来の日本のために、栄一さんのメッセージを、いまこそ人々にアピールしなければならない」と考えるに至りました。

その小さな双葉のような思いが、おかげさまでいろいろな方々からの応援という温かい光を浴び、少しずつ成長して、本書という形になったのです。

一〇〇の名言とキーワード

この本は、渋沢栄一という人物の功績を細かく取り上げる歴史の本ではありません。あくまでも、「今後の日本社会と日本人が豊かに、幸せになるために、明治の大実業家がどんなヒントを残してくれたのか」を考えるという目的で書かれたものです。

堅苦しい話はありません。大量の記録の中から、読者の皆さんにぜひ知ってほしいと思える渋沢栄一の言葉を一〇〇個選び出し、それぞれにキーワードと現代語訳をつけて、さらに私が読み解いたメッセージを柔らかい文章で記しました。気軽に読まれた読者が、今の日本で富を築き、幸せに生きるための「大事な気づき」を得てくだされば、著者として本当に嬉しいことです。

具体的には、一つの言葉につき、見開き二ページで紹介しています。右のページにはキーワードを記し、その下にキーワードの背景となる渋沢栄一の言葉を引用し、さらに現代語に直したものを付けています。上には、栄一がその言葉に込めた思いのエッセンス（翻訳ではなく）を私が英語にしたものを配しています。

左側のページでは、「この二一世紀ニッポンに渋沢栄一の言葉を当てはめると、おそらくこういうことになるだろう」という、私の（やや独断的な？）解釈を書きました。

ただし、私の解釈も、栄一のオリジナルの文章を噛み砕いて、現在の状況に投影させたものがほとんどです。また、アメリカや中国に関する言及のように、当時のことが、ほぼそのまま現在も通用する例もしばしばあります。

時代を超えた成功のライフスタイル

こうしてまとめた文章を通読すると、改めて、「富を築き、永続させ、社会を繁栄させるのは、すべてが自分という個人が中心になっているのだなあ」という感慨が湧いてきます。自分を中心に置くというのは、決して利己的な行為ではありません。まず自分の心をよくし、日頃の行いを改善し、次にまわりの人間関係をスムーズに進め……というように、自分の境界の範囲の「輪」を広げていくと、いずれそれが国や世界の発展へとつながるのです。逆に言うと、一人一人がよい方向に向かわないまま、国や世界がよくなることはありえない、ということです。

もう一つ、この本で紹介した言葉を読んでいて、ふと気づいたことがあります。渋沢栄一は、「楽しむ心」と「遊び心」を本当に大切にしたということです。

これは、いままでの渋沢栄一の研究ではあまり着目されていなかったでしょうが、栄一の人生の本質は、「与えられた人生を、真に心から楽しむこと」だったと思います。企業の創設も、民間外交も、『論語』の精神を経済活動に応用することも、どれも彼にとっては心をわくわくと躍らせる作業だったのです。危うい目に遭《あ》いながらも、それも含めたすべてを、まさに「ハートからエンジョイ」した人生でした。

毎日、心を楽しんで生き、新しい試みに取り組み、成功させ、富を築き、永続させる。そんな渋沢栄一のライフスタイルを読者の皆さんが身につければ、それはまさしく、時代を超えた成功の法則を体得したと言えるでしょう。

第1章

心にも富を貯えるための教え

1 心を常に楽しもう

Let your soul enjoy, always

たとえその事業が微々たるものであろうと
自分の利益は小額であるとしても
国家必要の事業を合理的に経営すれば
心は常に楽しんで事に任じられる

【『渋沢栄一伝記資料』青淵百話】

†

現代の言葉で言うと……

たとえ、自分の仕事がたいしたものでなくても、たとえ、自分の儲けが少額であっても、それが社会にとって必要な仕事だと信じて臨めば、心から楽しんでできるはずだ。

「まず楽しむ気持ち」から成功が生まれる

なぜ、〝心を楽しむ〟ことが大切なのでしょうか？

大成功している人を見てください。ちょっと成功して満足しているような人じゃないですよ。本当に、本当に大成功しているような人たちです。

いろいろな性格、いろいろなタイプの成功者がいますが、彼らには、ひとつだけ共通していることがあります。

それは、人生をメチャクチャ楽しんでいる、ということ。

大成功しているから、人生が楽しいのは当たり前？　いやいや、それは逆です。絶対に。

彼らは、まず人生を楽しんでいる。だからこそ、いろいろなことに好奇心を持って、挑戦しよう、と思えるのです。

楽しく生きるために行動する。成功は、その結果として得られるものなのです。

2 毎日、新しいものを探そう

Look forward to something, every single day

日々に新《あらた》にしてまた日に新なりは面白い、
すべて形式に流れると精神が乏しくなる、
なんでも日に新の心懸《こころがけ》が肝要である。

【『論語と算盤』理想と迷信】

†

現代の言葉で言うと……

毎日、新しい出来事があればうれしい。
一日一日を、新たな気持ちで迎えられれば面白い。
逆に、型通りの日々を送っていては、精神も貧しくなる。
どんな場合でも、毎日を新たな気持ちで過ごす心構えが大切だ。

一人の「わくわくする心」が社会を変える

たとえば、今日の政界の状況を考えてみてください。

お役人は形式にばかりこだわり、真実に目を向けず、ただ自分に課せられた仕事を、毎日毎日、機械的に処理するだけで満足している。

もちろん、これは官僚だけ、政界だけに限りません。

民間企業や銀行でも、同じような淀《よど》んだ空気があります。

一方、そういった社会の形骸《けいがい》化した流れに反発して、自分だけ突出しよう、自分だけ儲けようと、なりふり構わず猪突猛進する人もいます。

そのためなら、他人の迷惑など自分には関係ない、と。

でも、覚えておいてください。

あなたが〝わくわく〟する日々を送っていれば、きっとそれがみんなに伝わって、社会全体が〝わくわく〟するものになるはずです。

そうなったほうが、楽しく生きられるとは思いませんか?

3 感激がやる気を生む

Inspiration is the source of power from within

一朝《いっちょう》、事に臨んで感激すれば、
おのずから意気の奮興するものである。

【『渋沢栄一訓言集』一言集】

†

現代の言葉で言うと……

何か新しいことを始めるとき、
ひとたびそのことに心惹かれて感激すれば、
自然とやる気が生まれて、奮起するものだ。

興味と感激を持って仕事に臨むべし

あなたが新しい仕事に携わることになったとき、「上司から任じられた仕事だから、やらざるを得ない」という後ろ向きな気持ちで取り組んでも、楽しくもなければやる気も出ませんね。

でも、あらためて考えてみてください。

その仕事は、まったく興味の持てないものですか？　あなたに何の喜びも与えてくれないのでしょうか？

いいえ、決してそんなはずはありません。

そこには何かしら、興味の持てることや、挑戦しがいのあるハードルが、必ずあるものです。

何をするにも「つまらない、やりたくない」と思わずに、自分の感激を見つけることができれば、気力もみなぎり、きっと素晴らしい成果を収めることができるのです。

4 欲がない人はダメ

Having no desire is the root of laziness

無欲は怠慢の基である。

【『渋沢栄一訓言集』一言集】

↓

現代の言葉で言うと……

無欲は美徳ではなく、むしろ人を怠け者にする。

欲望を成功へのエネルギーにせよ

子どもには、「欲張りはよくない」と教えます。

しかし、欲がないことは、必ずしも善ではありません。

欲がないほうが、実は自分に甘えているのです。

ほら、欲を持たず、何も望まずに、ただ引きこもっているほうが、楽ではありませんか。

欲というものは、むしろ行動の源となります。エンジンの燃料ともいえます。

人類に欲がなければ、これほど文明が発展し、進歩し、この世に根付くことはなかったでしょう。

また、欲がなければ、人間は努力し続けるためのモチベーションも保てません。

簡単に、諦《あきら》めてしまうはずです。

とはいえ、文明を滅ぼすのもまた、過剰な欲望です。

それが無益な競争社会を助長させ、戦争を生むのです。

重要なのは、欲望を捨てることではなく、欲を持ちつつ、それをコントロールすることなのです。

5 残酷な人になるな

Pessimistic people are cruel people

悲観的の人は残酷である。

【『渋沢栄一訓言集』一言集】

†

現代の言葉で言うと……

物事を悲観的に見る人は、
実は他人に対して残酷になれる人である。

前に進めるのは楽観的な人のみ

悲観的になるということは、自己中心的になる、ということと同義です。

なぜなら、「もうダメだ」と絶望すると、人は、相手の気持ちを考える余裕など、どこかへ吹っ飛んでしまうからです。


たとえば、仕事で大きな失敗をしたとき。

自分が常に被害者である、と思い込みがちな人は、たとえ自分が加害者であったとしても、それを自覚することができません。

「また私が嫌な目に遭うのだ」としか思えず、「私も悪かったかも……」という共感性が欠けています。


一方、楽観的な人は、心に余裕を持った人だ、といえるでしょう。

「なんとかなる、なんとかしよう」と前向きに考えれば、おのずとまわりも見えてきて、他人の立場や気持ちにも気づきつつ、進歩できるのです。


このように、心に余裕を持てる人だけが、人に優しくなれるのです。

6 信用は信念から生まれる

Trust is not gained by appearances, but by unwavering belief

信用は暖簾《のれん》や外観の設備だけで、
収め得られるものではなく、
確乎たる信念から生ずるものである。

【『渋沢栄一訓言集』座右銘と家訓】

†

現代の言葉で言うと……

信用というものは、肩書や外見を取り繕っただけで
築くことができるものではない。
それは、信念を持った人にだけ、寄せられる。

資産より志が信用を育む

超近代化された大型ビルにオフィスを構える、時代の寵児《ちょうじ》であっても、その言動がオフィスの構えにそぐわなければ、たちまち信用は崩れ落ちるもの。

それは、昨今のさまざまな事件で、証明されています。


〝信念〟と〝信用〟とは必ずしも同じものではありませんが、信念がない者は、信用を得ることができない――。

これは確かに言えることなのです。


自らの仕事、生き方における指針や方向性が、常にぶれているような人は、頼りにはならないし、頼りにならない人は、信用できません。

一個人が信用できるか否かは、有形の資産や担保、証人の存在などでは計れません。

ましてや、肩書やオフィスの立派さなどが、何の証明になるでしょうか。

それより〝志〟というベクトルがしっかりしているか。

これこそが、信用の根源なのです。

7 すべては心の持ち方次第だ

If your heart believes,
then your world will be fine

世の中の事はすべて
心の持ちよう一つでどうにでもなる。

【『渋沢栄一訓言集』一言集】

†

現代の言葉で言うと……

世間で起きるすべてのことは、
あなたの心構えひとつでよくも悪くもなる。

リスクを取って動くから人生は面白い

ある出来事にぶつかったとき、それがあなたにとって、いいことなのか、悪いことなのか。

楽しいものなのか、つまらないものなのか。

それを決めるのは、実はあなた自身です。

あなたの心の持ち方で、目線は変わってくるものです。

失敗を恐れて自分から動こうとしない人は、黙っていれば物事が勝手に進んでくれる、自分はそれに従えばいい、と思っているかもしれません。

けれどその場合、失敗もない代わりに、「自分が何かを達成した」という喜びも得られません。

「マイナスになるならゼロでいい」という怯《おび》えは捨てて、「マイナスになってしまうリスクもあるが、プラスが得られるかもしれない」と考えれば、動かないことが、馬鹿らしく思えてきませんか？

物事はすべて、気の持ちようです。

今の自分の考えに固執せず、違う方向からの目線も持ってみようではありませんか！

8 優れたものの魂を真似よ

Don't copy the form, but copy the soul

真似《まね》はその形を真似ずして、
その心を真似よ。

【『渋沢栄一訓言集』一言集】

†

現代の言葉で言うと……

何かを真似したいと思うのであれば、
その形だけを真似するのではなく、
その心をも真似ることだ。

ブランドの志を身につけよう

日本人は、何でも形から入るのが好きなようですね。

たとえば、海外から持ち込むブランド品。

誰もがひとつは持っているでしょうが、それを身につけるとき、はたして本当に、そのブランドの〝志〟を理解しているのでしょうか？

それとも、そのブランドを身につけていないと、仲間外れにされるのが怖くて、わけもわからず買いあさっているのでしょうか？

本当の意味での〝素晴らしい人間〟というものは、身につけたものだけでは判断できません。

その外装の中にあるもの——。

これこそが大事なのです。

上辺だけブランド品で飾っているのでは、ショーウインドウのマネキンと変わりはありません。

それより、あなたが素晴らしいと思うそのブランドの、理念や志を身につけるほうが、はるかにスマートです。

9 人は理想を持たねばならぬ

Realizing the ideal is the duty of mankind

およそ目的には、理想が伴わねばならない。
その理想を実現するのが、
人の務めである。

【『渋沢栄一訓言集』処事と接物】

†

現代の言葉で言うと……

ある成果を目的に定めて行動する場合、
その成果を目指すだけの、理想、理念がなければならない。
なぜなら〝目的〟を達成するだけではなく、
その〝理想〟をも実現するのが、人間の義務だから。

理想なき利益追求は続かない

風の吹くまま、気の向くままに流されて、自分の意志もなく行動している人は、社会において、「意義ある人生を送っている」ということにはならないでしょう。

この宇宙で、幸いにもわれわれは、人間に生まれてきました。

人間が、ほかの動物と区別されるのはなぜか。

それは、ものを考え、夢や目標を持ち、進歩していける、そんな力があるからです。

理想を語って、それに向かって行動して、成果を得ることができたから、人間は、文化や文明を築くことができたのです。

ビジネスも同じ。社会の理想像なしにやみくもに利益追求ばかりに走っては、人も企業も長くは繁栄しません。

そう、〝人間〟という生き物だけが、理想を持つのです。

私たちに与えられたこの貴重な宝物である〝理想〟を、もっと大事にし、実現していきましょう。

第2章

行いを研ぎすますための教え

10 知るより好く、好くより楽しむ

Better to like something, than to know something
Better to enjoy something, than to like something

ただこれを知ったばかりでは、興味がない。好むようになりさえすれば、道に向かって進む。もし、それ衷心《ちゅうしん》より道を楽しむ者に至っては、いかなる困難に遭遇するも挫折せず、敢然として道に進む。

【『論語講義（二）』雍也第六】

†

現代の言葉で言うと……

物事を、ただ「知った」だけでは興味は湧かない。けれど、「面白い」と思えれば、何か行動を起こす。さらに、行動してみて心から「楽しい」と思えれば、どんな困難があっても挫《くじ》けずに、嬉々としてそのことに邁進していける。

楽しんで挑んだ者に成功は訪れる

仕事でも、趣味でも、人間でも、新しく出会ったものは、ただ「知った」というだけでは、行動にはつながりません。

それより、「気に入った」と少しでも心動かされれば、もっと知ろうとしたり、関わろうとしたり、何らかのアプローチをするでしょう。

でも、「気に入った」という程度では、うまくいかなければ、「しょうがない」と、諦《あきら》めてしまうかもしれません。

では、もっと進んで、「楽しい」と思ったらどうでしょう。

心から楽しいと思えることならば、多少うまくいかない困難やトラブルがあっても、諦めずに努力するのではないでしょうか。

そしてある日、気がついてびっくりするでしょう。

あなたが、思ったよりずっと前へ進んでいることに。

真の成功とは、こうやって辿《たど》り着くものなのです。

11 趣味のある行動を取る

Taking action, with good taste

趣味ある行動であったならば、
必ずその仕事に就いて精神あることであろう。

【『論語と算盤』理想と迷信】

†

現代の言葉で言うと……

自分の〝趣味〟のある行動を取っていれば、
必ず精神を込めて
仕事をやり遂げるだろう。

味わいを感じる心を持てば、仕事に打ち込める

ここでいう〝趣味〟とは、ある物事を「よいと思える心」のことです。

言い換えれば、好み、楽しみのことでもあり、また、理想、欲求といってもいいかもしれません。

つまり、物事の味わいを感じとる力のことですね。

もしこの〝趣味〟がなければ、人に決められたこと、命じられたことに従うだけ、与えられた職務を務めていくだけになるでしょう。

でも、人は機械でしょうか？

いいえ、決してそうではありません。

自分の心に従って、この仕事はこうしてみたい、これをこうしたら、もっとよくなるだろう、と自らの理想や希望を加味していく、つまり〝趣味〟ある行動を取れば、必ずその仕事に打ち込むことができるでしょう。

12 細かくこだわりすぎる心は元気をすり減らす

Pay attention to detail, but take big bold steps

あまりに堅苦しく物事に拘泥《こうでい》し、細事に没頭する時は、自然に溌溂《はつらつ》たる気力を銷磨《しょうま》し、進取の勇気を挫くことになる（中略）。溌溂《はつらつ》たる活動をなし、初めて大事業を完成し得るものであるから、近来の傾向については、大いに警戒せねばならぬ。【『論語と算盤』成敗と運命】

†

現代の言葉で言うと……

あまりに既存の常識にこだわったり、物事の細部にばかり気を取られていると、前向きに行動する気力がすり減ってしまう。精力的に行動して、ようやく大きな事業が完成できるのだから、細部にこだわる最近の傾向には大いに注意しなければならない。

大胆さのない者に勝利はない

　事を成そうとすれば、もちろん細心の注意が必要です。

　ただ、それとは逆に、大胆に行動することもまた、事業の成功には不可欠だといえるでしょう。

　細かいことばかりにこだわると、法律やら規定やらが際限なく関わってきて、「その法律を踏み外すまい、その規定内に収めなければ……」ということが、目的のようになってしまいます。

　インサイダー取引などの不正は、もちろん、きちんと追及しなければなりません。

　ただ、それを追及することばかりが社会正義になれば、善良な市民たちは、大胆な行動が取りにくくなって、その結果、日本は世界を相手にした競争を、乗り越え、勝ち抜くことが難しくなってしまうでしょう。

　イエローカードやレッドカードを恐れていては、世界一のワールドカップを手に入れることはできません。

　ときには大胆な行動も、取るべきなのです。

13 やれるところまで、とことんやれ。しかし悔やむな

Do what you can do, as far as you can do, and don't ever regret it

自分のつくすべき事をつくして、それから先の運命は天命に委《まか》せよ。

【『渋沢栄一訓言集』一言集】

†

現代の言葉で言うと……

自分にできることは、すべてやってみる。
そしてその先の成り行きは、天に任せるしかない。

全力を尽くしたら、あとは楽観的になろう

あなたにできることは、とことんやりましょう。

ただ、「最後の最後まで、すべて自分の力でコントロールしなければいけない」と過剰な責任感で神経質になるべきではありません。

もっと、楽観的に考えませんか？

もともとできるはずのないことや、事情があってできなかったことまで、自分のせいだと悔やむ必要は、まったくありません。

また、もしそれで失敗しても、次に進むことを恐れてはなりません。

ただ、もしも天命が微笑んでくれた、そのとき。

チャンスへの扉に、少しでも隙間が見えたときには、それを最大限、活かすことができるように――。

それまでは、できることはすべてやって、待っていればいいのです。

14

「悪いことをしない」とは「いいことをする」という意味ではない

Not doing bad does not mean doing good

ただ悪い事をせぬというのみにては、世にありて、何も効能もない。

【『渋沢栄一訓言集』処事と接物】

†

現代の言葉で言うと……

悪いことをしない。
ただそれだけでは、世の中に対して、何を為したことにもならない。

「よいことをしない」のは恥である

一般的に、親が子どもをしつけるとき、こう教えます。

悪いことをしたら、それは恥ずかしいこと。

恥ずかしいことをしたら、それは悪いこと。

そのため、〝悪〟は〝恥〟である、という価値観を、子どもの頃から植え付けられてしまう傾向があります。

しかしこれでは、いいことを行うことに鈍くなり、ただ「悪いことはしない」というだけの、消極的な大人になってしまうかもしれません。

けれど、「悪いことはしない」からといって、それ即ち「恥ではない」のでしょうか？

いいえ、違います。

むしろ積極的に「いいことをする」のでなければ、人として恥ずかしい場合もあるのです。

たとえば、誰かが困っているとき。

「もしも関わって面倒なことになったら恥ずかしいから、黙っていよう。黙っているのは悪いことじゃないし……」

と考えたとしたら、それこそ恥ではありませんか？

15 信じていないことは口に出すな

If you don't believe, then don't say

自分が信じぬことは言わず、
知った以上は必ず行うという念が強くなれば、
自然に言語は寡黙になり、行為は敏捷になるものである。

【『渋沢栄一訓言集』立志と修養】

†

現代の言葉で言うと……

自分が信じないことは口に出さない。
そして、自分が何かを知った場合は、必ずそれに対して、行動を起こす。
このような思いを強く持っていれば、余計なことは言わず、すばやく行動するようになる。

大人は自分の言動に一〇〇パーセント責任を持つ

あなたは、自分の口から出るすべての言葉を、自ら信じ、それに責任を持つことができますか？

あるいは、人から何かを教えられ、納得したとき、それに対して、信念を持った行動が取れますか？

もしそれができないとしたら、社会的責任を果たしている大人だと、胸を張って言い切ることはできませんね。

いつも自分の言葉がどんな結果を生むかに怯《おび》え、余計な責任を負わされないよう、「聞いたことも聞かぬ振り」で過ごさねばなりません。

そんな生き方は、とても窮屈なものでしょう。

ならば、自分が一〇〇パーセント信じることだけを口にして、きちんと責任ある行動を取ろうではありませんか。

一つしかない、大切な人生です。

自分の心に忠実に生きたいとは思いませんか？

16 大きな目標へ、ゆっくりと急げ

Hurry, one step at a time

前途の遼遠《りょうえん》なる事物は、
ゆっくり急いで努めねばならない。

【『渋沢栄一訓言集』一言集】

†

現代の言葉で言うと……

遠いゴールを目指すならば、
着実に、かつなるべく早く進むべきである。

物事は迅速に始め、着実に前進させるべし

今は叶えられないかもしれない、そんな壮大な目標に向かって進む場合、道のりが遠いだけに、気ばかりが焦りがちなものです。

しかし、せかせかと走り回るだけで空回りしたり、気持ちだけ先走って行動が伴わなかったり、それではゴールはなかなか近づいてきません。

大事なのは、とにかく前進することです。

それも、「明日から」ではなく、「いつか環境が整ってから」ではなく、絶対に、「今日、この瞬間から」です。

急にスタートダッシュをかける必要はありません。

それよりも、なるべく早く一歩を踏み出し、着実にその歩みを重ねていくこと。

それは、大した負担ではありませんよね？

さあ、歩みはゆっくりと、けれどスタートは急ぎましょう、今日、ここから。

17 ときには考えをやめて、行動に移さねばならない

To think is important, but if there is no action, then there is no meaning

すべて世の中の事は、三思してもなお足らず、十思百慮を要することもあれば、また再思の要だになく、ただちに実行せねばならない事もある。

【『渋沢栄一訓言集』処事と接物】

†

現代の言葉で言うと……

世の中には、三度考えてもまだ足りず、十度、百度と考えなければならないこともある。

その一方で、二度考える必要などなく、今すぐ実行しなければならないこともある。

「即断即決、即実行」する勇気を持て

たとえば仕事相手と交渉しているとき、この契約は、本当にいい結果を生むかどうか、何度も熟考しますね。

もちろん、「利益があるかどうか」が主でしょうが、同時に「上司はどう思うか」「失敗したらどうなるか」など、保身の気持ちも働いているはずです。

つまり、「考える」といっても、それは実は、しがらみに縛られているだけなのです。もしくは、責任を取るのが恐ろしいために、それを「考える」という言い訳で、正当化していることが多いのではないでしょうか。

そういう場合、あなたには勇気がないのです。

考えることは、もちろん大切です。

考えないで実行することは、危なっかしいものです。

しかし、いくら考えても、実行が伴わなければ意味はない。

ときには勇気を持ってしがらみを振り切り、考えるのをやめて、行動しなければならないのです。

18 どんな人間の前にも「道」はある

All people have the ability to find and to travel their way of life

道は誰にも行い得られるものである。
人にはみな道を行うに足るだけの力がある。
ただその力と道とに大小の差があるに過ぎぬ。

【『渋沢栄一訓言集』道徳と功利】

†

現代の言葉で言うと……

道は、誰の前にも拓《ひら》けている。
人は皆、その道を歩く力がある。
ただ、その〝力〟と〝道〟の大きさ、強さが、一人一人、違っているに過ぎない。

先行きのわからない道を、誇りを持って歩もう

凡人であっても、〝ひとかどの人物〟であっても、それぞれに自分の進むべき「道」があって、それを歩いていく旅人である、という点では、まったく同じ立場にあります。

では、その「道」とはどのようなものなのでしょうか。

王道のように、広大で輝かしいものなのか。
それともクネクネ曲がった険しい山道なのか。
辿《たど》り着く先は、最後までわからないのか。
それとも、今から目指して歩いて行けるものなのか。

それは、誰にもわかりません。
ただ、確かなことが一つだけあります。
あなたが歩くその「道」は、あなただけにしか拓けない、たった一つの道であること。
そしてそれを、あなただけの力で歩かねばならないこと。
どんな道でも、誇りを持って進もうではありませんか。

19 理想を持って、人生を変化させよう

Be joyful of change

人は死ぬまで同じ事をするものではない。
理想に由《よ》って生きるのが、
趣味ある人の行動である。

【『渋沢栄一訓言集』座右銘と家訓】

†

現代の言葉で言うと……

人はただ、死ぬまで同じ日々の繰り返しを
過ごしていればいい、というものではない。
物事の味わいがわかる人は
自らの理想に従って生きるものだ。

日々、進化することに喜びを感じよう

人はいつか、この世を去ります。

この世という大きな潮流の中の一瞬のまたたき、それが私たち人間であり、本当に微々たる存在です。


しかし、それでも私たちにとって、人生はたった一つしかない大切な物語です。

ならば、死ぬまで同じページを読み返すなんて、もったいないじゃありませんか。

それぞれの理想に基づいて行動し、生きていると、いろいろな事件や困難に出くわします。

でも、それこそが、本当の味わいある人生でしょう。


イノベーション（革新）とは「変化を創ること」です。

変化を恐れ、避けるのであれば、その人からイノベーションが生まれるはずがありません。


変化があればこそ、人は文明を築くことができました。

「理想に向かって変化する」とは、すなわち「進化する」ことです。

それに喜びを感じて、生きていきましょう。

第3章

規律を学ぶための教え

20 礼儀を尽くせ

Nothing is more beautiful than courtesy

礼儀ほど美しいものはない。

【『渋沢栄一訓言集』一言集】

†

現代の言葉で言うと……

礼儀とは、人の持てる最高の美徳である。

礼儀とは「自信」と「相手への敬意」の表れだ

もしもあなたが、「どう比べても、この人は自分よりはるかに偉い」と思っている人から礼を尽くされたら、「素晴らしい人だ」と感激するでしょう。

本当の意味で「礼儀を尽くせる」ということは、本当の意味で「自分自身に自信を持っている」ということでもあります。

たとえば意見が対立しても、相手の言い分をきちんと尊重することができる。それは、「意見の相違くらいで自分は揺らがない」という自信であり、相手を尊重する礼儀の表れでもあります。

人と人の間で礼儀が尽くされるものであれば、国と国の間の礼儀も尽くされるはずでしょう。

自信は持ちながらも、礼儀を尽くして、美しい人、美しい国になりましょう。

21 自分で箸を持て

Hold your own chopsticks

かくお膳立をして待っているのだが
これを食べるか否かは箸を取る人のいかんにあるので、
御馳走の献立をした上に、それを養ってやるほど
先輩や世の中というものは暇でない。

【『論語と算盤』立志と学問】

†

現代の言葉で言うと……

誰かが料理を作ってくれたとしても、それを実際に食べるかどうかは、自分次第。
ご馳走を用意して、さらにそれを食べさせてくれるほど先輩も世の中も暇ではない。

ある地点から先は、人の力には頼れない

料理をお膳立てして待っていてくれる人はいても、いちいちそれを食べさせてくれるほど、世間の人々はお人好しではありませんね。

仕事でも同じこと。先輩や周囲が、ある程度までは地固めをしてくれるかもしれませんが、そこから先は、自分でやらなければなりません。

箸は、自らの手で取らなければダメなのです。

赤ん坊ですら、初めはさじで食べさせてもらっても、いずれ自我が芽生えてくると、自分でさじを持つことを要求し、そのさじが、いずれ箸になります。

もし今、あなたが、

「自分はもっと大きなことをやりとげる人間である」

と思っていても、その「大きなこと」に至るまでは、大勢の人々の力や、小さな努力の積み重ねがあります。

そのことを肝に銘じて、〝据え膳〟に臨みましょう。

22 わがままを元気と誤解するな

Don't mistake madness for high spirits

人と争って自分が間違っておっても強情を張り通す、
これが元気がよいと思ったら
大間違いである。

【『論語と算盤』人格と修養】

†

現代の言葉で言うと……

人と争ったときに、たとえ自分が間違えていても、我を通す。それは、〝元気がいい〟というのとはまったく別ものである。

自分を高める情熱が本当の「元気」である

元気がある、威勢がいい、覇気がある――。

これは、人生をよく生きるために、大切なことです。

けれど、その意味はしばしば誤解されがちです。

お酒の席で、大声で自分のことを語るのが元気で、黙っていると元気がない……とはいえませんね。

道路で危険な運転をする車が走ってきたからといって、ただ、「オレは逃げないぞ」と胸を張って、自動車に突き当たってみても、これは元気ではなく、無謀なだけです。

そうではなく、自分の力で果敢に行動し、自分の信念や理想を実現する。

あるいは、自分をより高めようと、ひたすら努力する。

つまり、自分自身の品位を保ち、高める情熱、それが〝元気〟というものでしょう。

23 自分の足で立って生きよ

Stand up! you are the lead

およそ人は自主独立すべきものである。
すなわち自営自活の精神は、
実に同胞相愛の至情とともに、人生の根本をなすものである。

【『渋沢栄一訓言集』処事と接物】

†

現代の言葉で言うと……

人は皆、自立して生きるべきである。
自立し、自活しようとする心こそが、人への思いやりとともに、人生の基盤になるものなのだ。

弱者には「保護」より「自立の支援」が必要だ

「人は誰も、自分の人生の主役である」

そう信じているのであれば、あなたは主人公らしく、自分の足で立つべきです。

他人があなたを主役の座へ引き上げてくれるのを、求めるべきではありません。


それは、他者に対しても同じことです。

「格差社会を正す」とか、「弱者にやさしい」という政治的スローガンは、実は、

「弱者は常に弱者であり、敗者は常に敗者である」

という前提に立っていますね。


けれど、それが本当に正しいのでしょうか？　本当にやさしいのでしょうか？


弱者や敗者だって、自分の人生を主役として生きる、義務も権利も持っているのです。

彼らを永遠に保護することより、彼らが自立できるような支援を行うべきです。

自立を助ける精神こそが、お互いを尊重し、真心を持って向き合う心に他ならないのです。

24 武士道の「美」は正しい行いにある

Hidden virtue is the way of bushido

東洋、特に日本では、陰徳《いんとく》をもって行いの上《じょう》なるものとし、自分の責任はもちろん、他人の責任までも、これを負うをもって、武士道の粋《すい》としている。

【『渋沢栄一訓言集』慈善と救済】

†

現代の言葉で言うと……

東洋的、特に日本的道徳では、よいことをするときは、人知れず為すことこそ素晴らしいとされ、他人の失敗の責任までも自分が被ることが、武士道の真髄であるとされている。

陰徳を怠慢の言い訳にしてはならない

日本古来の考え方によれば、自分がした「よいこと」を口に出したり、人に知られたりするのは、「奥ゆかしくない」とされます。

だから、寄付などするにも、表立ってするのは恥ずかしい、無記名でするのが美徳である——と言われますよね。

欧米に比べて日本では、寄付文化が根付いていません。

これも、「武士道の伝統がある日本では、陰でよいことをする〝陰徳〟が尊ばれるから」と言われることがありますが、実は武士道や陰徳を口実に、正しいことを何もしない怠慢の言い訳をしているとしか思えません。

陰徳どころか、そこに光を当てると、見えてくるのは粉飾会計や談合事件ばかり。いったい、武士道がどこにあるのでしょうか。

正しいと信じたことは、何があっても、勇気を持って行う。

そこに「武士道の本当の美しさ」があるはずです。

陰ながらであろうが、表立ってであろうが、よい行いは、なされるほうがいいに決まっています。もう〝陰徳〟を言い訳にするのはやめて、「正しい行い」に時間とエネルギーを使いましょう。

25 「慣れること」に慣れるな

Don't get used to things

要するに習慣というものは、
善くもなり、悪くもなるから、
別して注意せねばならない。

【『渋沢栄一訓言集』座右銘と家訓】

†

現代の言葉で言うと……

同じことを習慣にしていても、
それが〝精進〟になればいい結果につながり、
〝マンネリ〟になれば悪い結果しか生まない。
注意して、両者を分ける必要がある。

マンネリからは成功は生まれない

いったん思い立って始めたことでも、しばらく経つと、初心を忘れてしまうことがありますね。

つまり、慣れてしまうのです。

求めていた天職、求めていた夢の実現。
最初はそれに向けて努力を続けていたのに、いつしか気持ちが冷めていって、違うものに憧れる自分に気がついたら、それは「慣れてしまった」ということでしょう。

どんなに楽しいことでも、いつかはその楽しさに慣れます。
けれど、そのたびに次へと移ってしまっては、いつまでも本当に求めているものには届きません。

「慣れること」に慣れて、流されることのないように。
常にわくわくした新鮮な気持ちを持ちましょう。
すべての成功者は「マンネリ」と無縁です。

26 口は幸運の門でもある

Your mouth is the gate to your fortune

口舌は実に禍《わざわ》いの起る門でもあるが、
また福祉の生ずる門でもある。

【『論語と算盤』常識と習慣】

†

現代の言葉で言うと……

口から出る言葉は災いのもとにもなるが、
また幸運を呼び寄せることもある。

「相手を気持ちよくする言葉」は惜しんではならない

「口は禍《わざわい》の門」と言われます。

知らず知らずに言い過ぎて、その言葉がもとで、人に足元をすくわれたり、笑われたりするかもしれません。

「ここだけの話」がいつの間にか広まって、大変な問題を引き起こすことも、間々あります。

どのような状況に置かれても、言葉を口にする以上は、心にもないことは言わないほうがよいでしょう。

では、じっと口を閉じたままでいる。

これはどうでしょう？

……それでは、幸運の門まで閉じてしまうことになります。

言葉を上手に使えば、福を呼べるのです。

しゃべり過ぎはもちろん感心しませんが、無言もまた、いいことではないのです。

気持ちのいい言葉、相手のためになる言葉は、惜しんではいけません。

27 走り出す前に考えよ

Don't run recklessly with your head sticking out

むやみに頭を突き出して駈《か》ければ、
すなわち衝突、顚倒《てんとう》をまぬがれぬ。

【『渋沢栄一訓言集』一言集】

†

現代の言葉で言うと……

やみくもに、何にでも頭から突進していけば、
必ず衝突や失敗などのトラブルに遭うものだ。

後先考えない無謀な行動は慎むべし

何か目標に向けて走り出すときは、思わず猪突猛進、頭から突っ込んでいくような、無茶な行動を取ってしまいがちです。

たとえば、仕事相手との交渉のとき、意気込むあまりに自分の主張ばかりしてしまったり。

イケイケドンドンで、先方の事情を無視したり。

何も考えず行動してしまうようでは、自ら問題を招いてしまうことになります。

ただ、だからといって、走ることに消極的になる必要はありません。

走らなければ、何も始まらないのですから。

走っていると、ときには自分の頭だけが、他より突き出ていることもあるかもしれません。

でも、それはそれでいいのです。

ただ、前後を考えず、無心で突進するのではなく、しっかりとした考えと志を持って走るべきでしょう。

第4章

運のつかみ方を知るための教え

28 素直に望めば、運命は拓ける

Putting yourself in the right spot

自分からこうしたいああしたいと奮励さえすれば、
大概はその意のごとくになるものである。
しかるに多くの人は自ら幸福なる運命を招こうとはせず、
かえって手前の方から故意に佞《ねじ》けた人となって
逆境を招くようなことをしてしまう。

【『論語と算盤』処世と信条】

†

現代の言葉で言うと……

どんなに大きな目標や夢でも、「実現したい」と強く願って努力すれば、だいたい、思いのままにできるものだ。しかし大概の人は、そうやって幸せになる努力をせずに、自分勝手に悲観したり拗《す》ねたりして、どんどん苦しい状況に陥ってしまうのだ。

逆境が人を強くする場合もある

普通に行動すればうまくいくのに、余計なことをしたせいで窮地に陥ってしまう。こういう逆境は、たしかに避けたいものです。

ただし、逆境は一概に否定すべきものではありません。

水に波紋が起きるように、空に風が吹くように、平凡な生活や平和な国でさえ、ときには変乱が起こる可能性があります。

変乱に巻き込まれるのは、誰でも嫌でしょう。

しかし、見方を変えれば、そういうときこそ、自分の力量を発揮できる――ともいえるのではないでしょうか。

ただ「順境に立ちたい」「幸福な生活を送りたい」と思っているだけでは、自分の能力も、振るいようがありません。

そんな状況は、才能ある人にとって、実は逆境なのです。

自ら進んで変化を起こし、困難な状況に身を置く。

そのほうがむしろ、存分に能力を伸ばすことができる、素晴らしい環境になる場合もあるのです。

29 自分の天命を知ろう

Know your own destiny

されば孔子が曰《いわ》れた「罪を天に獲《う》る」とは、無理な真似をして不自然の行動に出ずるという意味であろうかと思う。

【『論語講義（一）』八佾第三】

†

現代の言葉で言うと……

孔子が言った「罪を天に獲る」とは「本来の自分にそぐわない行動を取ったり、無謀な野望を抱いたりしても、うまくはいかない」という意味だろうと思う。

自分らしくない行動は、苦痛と失敗のもとである

人間が世の中に生きて働いているのは、天命によっています。

草木には草木の天命があり、鳥獣には鳥獣の天命がある。

どうしても、草木は草木のままで終わるのです。

草木が鳥獣になろうとしても、なれるものではありません。

それと同じように、人にもそれぞれ定められた運命、使命があります。


ですから、自分の天命を知ることが、とても大切です。


ただ、本来自分がなすべきではないことをしたり、正しくない行動を取ったりしたからといって、天が何か言ったり、罰を加えるわけではありません。

その人自身や、周囲の状況によって、苦痛を感じるようになるだけです。


これを、〝天罰〟と呼んでいるのです。

人間がこの天罰から逃れようとしても、無理なのです。

自然に季節が流れ、この世の生物が育つように、天命は人智の及ばない次元で行われているのですから。

30 順境も逆境も自分が作り出すものである

Prosperity and misfortune are made, not given

世人は、一も二もなく彼を順境の人と思うであろうが、
実は順境でも逆境でもなく、
その人自《みずか》らの力でそういう境遇を作り出したに過ぎない。

【『論語と算盤』成敗と運命】

†

現代の言葉で言うと……

人生が思う通りにうまく運んでいる人を、人は「運がいい人だ」と言うだろうが、本当は、それは運のいい悪いではなく、その人が努力をした結果、そういう状況を作り出しただけのことである。

人生の運は、すべて自分で招いた結果だ

ここに、地位もなければ富もない人がいます。

引き立ててくれる先輩もいません。

しかし、彼には能力があります。身体も健康です。どんなことを任せても、安心できる仕事をします。いや、期待以上の結果を出すこともしばしばです。


やがてこの人物は、ついに地位も富も手に入れます。

世間はきっと「彼は恵まれた順境の人だ」と言うでしょう。

しかし彼は、自らそうなるように努力しただけです。


もう一人、別の人がいます。彼はどこか抜けていて、仕事も思うようにできず、家でも孤立しています。行き場所がなく、頭の中は被害者意識でいっぱいになり、自暴自棄に陥ってしまっています。


彼は「苦労が多い逆境の人」と思われるかもしれません。

しかし、そうではありません。全部、自分で招いた結果です。


人は、自らの運命を作り出します。

そういう意味で、この世には順境も逆境もないのです。

31 満足は衰退の第一歩である

Being satisfied means withering away

すべて世の中の事は、
もうこれで満足だという時は、
すなわち衰える時である。

【『渋沢栄一訓言集』国家と社会】

†

現代の言葉で言うと……

どんなことでも、「これで満足だ」と思ったときこそ、気を引き締めねばならない。
なぜなら、それはこれから衰えていく予兆だから。

「完璧な満足感」に届かない状態が一番の幸せだ

今より満足したい。この気持ちは、誰もが持っています。

もちろん、今、自分が置かれている環境や立場に、感謝の気持ちを持つことも大事です。

ただ、感謝することと満足することとは、意味が違いますね。

「究極の満足感を得たい」と思って前進しているときは、どんなに人に感謝することがあっても、「もっと、もっと」とさらなる満足感を求めてしまうもの。

しかし、実は、それが一番幸せなときなのです。

もし仮に、完璧な満足感を手に入れたとしたら、その状態が崩れてしまうことを恐れて、不安に陥ってしまうかもしれません。

あるいは、永遠に満足が続いたならば、それにも飽きてしまうのではないでしょうか。

本当の幸福とは、「満足したい」と飢えていて、それに手が届いていない状態をいうのかもしれません。

32 自分のための努力だけでは、人は幸福になれない

If you think happiness is based on your abilities and studies, you will be disappointed

人の幸福は自己の才識、勉強によってのみ発展すると思うは、大いなる誤解である。

【『渋沢栄一訓言集』処事と接物】

†

現代の言葉で言うと……

人間の幸せは、本人の才能や努力だけで叶えられる、と信じるのは、大間違いである。

他人の幸せのための努力が自分の幸せを呼ぶ

「幸せになりたい」と願うとき、それには、自分のために仕事や勉強をがんばればいい、と思っていませんか？　それは、あなたの驕《おご》りです。

そういう考えは、自分をこの世の中の中心に置き、「世間は自分の価値観や行動に従ってまわりで動いている」と信じる、「自分勝手主義」にほかなりません。

このように、利己的な考えで日々を送っていては、自分だけの小さな幸せしか得られないでしょう。

兄弟姉妹のため、家族のため、友人のため、他人のため、社会のため、日本のため、世界のため……。

そう思って行動することも、必要なのです。

さもなければ、いくら勉強して幸せになっても、その幸福は長続きしません。

人の幸せもまた自分の幸せである。

そう感じられる心を持っていたいものです。

そんな幸せは、自分だけの幸せより、はるかに大きいものなのです。

33 目的どおりにいかないときは、勇気を持って耐えよう

Sometimes it doesn't go as planned, but at some time, it will.

よく事を通じて、勤勉であっても、目的通りに事の運ばぬばあいがある。
これはその機のいまだ熟せず、その時のいまだ到らぬのであるから、ますます勇気を鼓して忍耐しなければならない。

【『渋沢栄一訓言集』処事と接物】

†

現代の言葉で言うと……

どんなに物事を知り、勤勉に努力をしても、目指した通りにならないときがある。
それはただ、タイミングが悪く、好機が訪れていないだけのこと。
さらなる勇気を出して耐え忍ぼう。

成功するには「タイミングを待つこと」も必要だ

物事には、タイミングというものがあります。

これ以上ないほど努力しても、タイミングが合わずに成果が得られないこともあれば、新しい仕事を始めた途端、チャンスに恵まれて、たちまち成功することもあるでしょう。

これはすべて天運、つまりタイミングのなせる悪戯《いたずら》です。


ただ、タイミングが合わないからといって、努力を放棄してしまってはいけません。

「今はたまたま、時期が悪いだけ」

このように柔軟に考えて、忍耐強く事に接すれば、いずれチャンスは訪れてきます。

そしてタイミングさえ合えば、不思議と物事はうまく運んでしまうものなのです。


日本がこれまで長く不況不遇の時代を託《かこ》っていたのも、一つは、タイミングの問題といえるかもしれません。

苦しい中でもがんばってきた人や会社には、そろそろチャンスが回ってくるかもしれませんよ。

34 成功熱に踊らされるな

The high fever of your success will lead to your failure

世に成功熱に浮かされ、野猪《やちょ》的に進む者が多いが、その多く失敗に終るは、身のほどを知らぬからである。

【『渋沢栄一訓言集』道徳と功利】

†

現代の言葉で言うと……

「成功したい」という野望にとりつかれ、熱に浮かされたように突き進む人は多いが、その多くは失敗する。

それは、彼らが自分の能力以上を望むからである。

自分の立場と力量に見合った成功を目指すべし

昨今の「投資ブーム」には、凄まじいものがあります。
主婦や学生、はては子どもまでもが、株価や為替相場を語り、不動産の運用を考える。ましてや野心あるビジネスマンともなれば、この機に乗じて成功を夢見るのは当然かもしれません。

しかし、周囲の人々やマスコミに煽られて、無駄に踊らされてはいませんか？

そうやって、成功熱に浮かされて踊る人もいる反面、社会における自分の立ち位置をきちんと自覚して、着実に、堂々と人生を歩める人もいるのです。

天から恵まれた運命を、しっかりとわきまえ、国や社会の公益をも念頭に置いて、自分の才能、力量に応じて事に当たる――。

それを肝に銘じておかなければ、たとえ事業を起こしても、永続きさせるのは難しいでしょう。

35 性格の丸い人間でも、どこか角がほしいものだ

Even if well-rounded,
you should have some corners

人間にはいかに円《まる》くとも、
どこかに角がなければならぬもので、古歌にもあるごとく、
余り円いとかえって転びやすいことになる。

【『論語と算盤』立志と学問】

†

現代の言葉で言うと……

丸くて温厚な人柄はいいものだが、どこかに尖っている部分がほしい。
昔の歌にあるように、ただ丸いばかりだと、
コロコロと転がされやすくなってしまうから。

人間、ときには争う必要がある

「あの人は、丸くなったね」

そう言われれば、それはたいてい、褒《ほ》め言葉です。

でも、その実は、「毒にも薬にもならない」と軽視する気持ちも、いくばくか含まれていそうです。

好んで争うことは、もちろんよくありません。

しかし、何があってもまったく争いをしないというのも、いかがなものでしょうか。

あくまでも正しい道を進んでいこうとすれば、何らかの争いは絶対に避けられないものです。

とにかく争いは嫌だと、いつも衝突を避けて、世の中を渡ろうとする生き方もあるでしょう。

ただ、それでは、善が悪に勝つこともありません。

普段はどんなに丸くてもいい。

ただ、自分が「これ」と決めた信念だけは貫き通す鋭い一面も、持っていたいものです。

36

葉のためには枝を、枝のためには根を養え

If you want lots of leaves,
the branches must be strong.
For the branches to be strong,
the roots must be sturdy

多くの葉を摘まんと思えば、
その枝を繁茂させなければならない。
その枝を繁茂させようと思えば、
その根を培養せねばならない。

【『渋沢栄一訓言集』座右銘と家訓】

†

現代の言葉で言うと……

なるべく多くの成果を得たいと思うなら、そこに至る過程をしっかりと築かなければならない。

過程をしっかり築こうと思うなら、そのための基礎を固めなければならない。

「濡れ手で粟」のビジネスは、性根を腐らせる

植物を栽培するときに、葉をなるべくたくさん繁らせたいのなら、まずは枝をしっかりと、太く育てるものです。

そのためには、根にたっぷりと肥料を与えて、十分に水をやるはずです。

もし、根を育《はぐく》むことなくたくさんの葉を摘めば、その場では満足できても、冬の冷たい突風を受けたときに、根が弱っていて、木が倒れる恐れがあります。

これはビジネスでも同じことです。

「濡れ手で粟《あわ》のような、ぼろいお金儲けをして何が悪い？」

と言われれば、それ自体は悪くありません。

ただ、その下で根が張っていなければ、想定外の展開になったとき、大混乱や失敗に陥ります。

素晴らしい成果を挙げたければ、見えないところでの地道な努力が必要なのです。

第5章

教育の理想を説いた教え

37 常識とは、「智」「情」「意」のバランスのことである

Common sense is all about balancing wisdom, emotion, and will

『智』『情』『意』の三者が各々権衡を保ち
平等に発達したものが完全の常識であろう。

【『渋沢栄一伝記資料』青淵百話】

†

現代の言葉で言うと……

知恵、情愛、そして意志――
この三つをバランスよく育て、備えていること、
それが〝完全な常識がある〟ということである。

「情」「意」なき「智」は悪知恵になる

誰かに「オマエ、常識がないな！」と言ったとします。

それは一般的には、「オマエには知恵が足りない」と決めつけたと取られることでしょう。


もちろん、知恵がなければ、物事の善悪の見極めも、利害損得の判断も、因果関係の推測もできません。


ただ、場合によっては、知恵は悪用され、自己中心的な目的を遂げるためだけに活用される——といったこともあるでしょう。

これを「悪知恵」と言います。


この知恵の極端な動きを調和するのが、情愛です。

けれどこの情愛も、行き過ぎると判断力が鈍ります。

これをコントロールするのに必要なのが、意志なのです。

とはいえ、意志ばかり強ければ、ただの頑固者でしょう。

つまり、智、情、意、どれが強すぎても、正しい判断はできません。

三つのバランスがとれてこそ、常識的になれるのです。

38 短所を直すより、長所を伸ばそう

Exert your strong points,
and the weak points shall perish

長所はこれを発揮するに努力すれば、
短所は自然に消滅する。

【『渋沢栄一訓言集』一言集】

†

現代の言葉で言うと……

自分の長所を見つけて、
それを伸ばすように努めれば、
短所はいつの間にか、消えてしまう。

「短所を直す教育」は間違っている

人と相対するとき、相手の長所に目が向いていれば、短所はそれほど気にはならないものです。

ただ、現在の教育やしつけの方向性は、短所を指摘して正すことが基本方針のようです。「定められた枠にはまりなさい。そうしなければ、それはオマエが悪い、恥だ」簡単に言えば、これが今の日本の教育です。

確かに、指導者の視点から見れば、この方針のほうが楽でしょう。誰でも同じ型にはめればいいのですから。

逆に、長所を見つけて伸ばすことは難しい。一人一人の個性を見極めて、的確に個別の指導をしなければいけないのですから。

しかし、もし長所を見つけて、伸ばしてもらえたなら、その子ども、学生、部下にとっては、必ずそれが一生の宝物になるのです。

39 昔の人がすべて偉かったわけではない

Young folks these days, and days gone past

今の青年の中にも偉い者もあれば、
昔の青年にも偉くない者もあった。

【『論語と算盤』教育と情誼】

†

現代の言葉で言うと……

現代にも、見どころのある青年はいる。
逆に昔だって、どうしようもない青年はいた。

どの時代にも通用する真の能力を身につけよ

「この頃の若い者はなっておらん」

老人がよくぼやく言葉ですね。

今の若い者は元気がない、とも言われますが、これは必ずしも正しくありません。

後世に名が残っている「昔の青年」は、少数です。

そんな特別な彼らと、現代の一般青年とを比べてあれこれ言うのは、いささか筋違いですよね。

昔は、「少数でいいから、優れた人材をきちんと育てる」という教育でした。

それに比べて今は、「平均的な人材を多数育てる」という教育になりました。

それを平等と言っています。

昔はまた、精神面の教育を重視しました。

今は、知識を与えることに力を注いでいます。

一長一短あるでしょうが、両者の違いを踏まえた上で、どちらの時代でも通用する人材こそを、真に「偉い者」と呼ぶべきでしょう。

40 いちいち上の指示を待っていると、チャンスを逃してしまう

Enough of theory, let's just do it

教育のやり方を見ると（中略）単に智識を授けるということにのみ重きを置き過ぎている。（中略）実業の方では、軍事上の事務のように一々上官の命令を待っているようでは、とかく好機を逸し易い。

【『論語と算盤』教育と情誼】

†

現代の言葉で言うと……

最近の教育は、一方的に知識を与えることを重視しがちだが、実際のビジネスにおいては、軍人がいちいち上官の命令を待つように与えられる指示を待っていては、チャンスを逃してしまう。

「ゆとり」を重んじる教育では、人は育たない

私たちの社会を取り巻く問題は、無数にあります。

ただ、その元凶とされるのは、いつも一つのこと。

「教育のあり方が間違っている」というものです。


「ゆとり教育」を重視するあまり、人が守るべき規律や人格といった、人間としての根幹を形成する部分には、なかなか触れないし、指導もしない。

それでは、「ゆとり」が「いじめ」を誘発しかねません。

ただ知識を与えるだけで、それをどう使うべきか、どんな心構えでいるべきかは、教えない。

それが今の教育システムの現状です。


こんな教育を受けた人材は、どのような社会人に育つのでしょうか？


誰かが教えてくれないと、何も判断できない。

もしもそんな人間ばかりになってしまったなら、今後の日本の発展など、期待できません。

知識ばかりでなく、行動力も必要なのです。

41 老人たちこそ学問をせよ

Old folk these days

しかして文明の老人たるには、
身体はたとい衰弱するとしても、
精神が衰弱せぬようにしたい、
精神を衰弱せぬようにするは学問によるほかはない。

【『論語と算盤』立志と学問】

†

現代の言葉で言うと……

現代の文明社会で生きていくには、たとえ年老いて身体は衰えていっても、精神は弱らぬよう、強い気持ちを持っていたい。
それには、学問をする以外にない。

いくつになっても働き、社会に貢献しよう

なのです。

「次代を担う青年は、もっとしっかりせよ！」

と、よく言われます。確かに、その通りでしょう。

ただ、よりよい世の中を築くためには、青年だけではなく、老人もまた、大切な存在なのです。

馬車から自動車、自動車から飛行機の時代となって、世界が狭くなったように、科学や技術の発展により、人間の寿命は延び、ますます人生は長くなっています。

そんな中で、三〇歳までが勉強の時期であるならば、少なくとも七〇歳ぐらいまでは働かないと、もったいないではありませんか？

もし、五〇や五五で老いて衰えてしまえば、二〇年、二五年しか働いていないことになります。

それだけの期間で、何を成し遂げられるでしょう。

そして、何かを成すには、学び続けるしかないのです。

老いてますます学問をし、さらに働く。

ぜひ、そんな生き方をしたいものです。

文明社会には、青年には青年の、老人には老人の、貢献するべき余地があるのですから。

42 教室は寄席ではない

The classroom is not a place for entertainment

私が聞き及ぶ東京の中辺の学校においては、（中略）ほとんど師と弟子とが、悪い例を言うならば、寄席に出る落語を聴きに往った多数の聴衆のごとく見受けられる。

【『論語と算盤』教育と情誼】

†

現代の言葉で言うと……

聞くところによると、東京の学校では悪い場合、多くの生徒が先生の授業を、まるで寄席で落語を聞くように受けているようだ。

人を指導するときは、情愛が一番大切だ

学校教育には、昔も今も同じようなことがあります。

それは、生徒や学生たちがよく、「あの人の講義は面白くない」とか、「あの先生の話は長い」とか、教師の悪いところを指摘しては、批評することです。

それはまるで、落語を聞きに行った客が、噺家《はなしか》を品評したり、くさしたりするのに似ています。

学校は、学生を笑わせるための場所ではないのに、「楽しいか、楽しくないか」だけで、教師を品定めする。

ただし、これは残念ながら、教師が悪い場合も少なくないようです。

教師の徳望、才能、学識、人格が優れていなければ、学生たちがロールモデルとして尊敬するはずがない。

人を指導する者は、自分自身の弱点を自ら改善し、また、相手を十分に敬う心を持って、情愛深く、目下の者を導かなければなりません。

そうすれば相手も、きっと上の者を尊敬するでしょう。

43 新しい時代には新しい人が必要だ

The new age needs new people for new deeds

新しき時代には新しき人物を養成して
新しき事物を処理せねばならない。

【『渋沢栄一訓言集』学問と教育】

†

現代の言葉で言うと……

時代が変われば、求められる人も変わる。
時代に合った人材を育て、事に当たらせるべきだ。

「新しい人間」がイノベーションを起こす

社会は常に変化し、進化し続けています。

新しい発明、流行、経済活動、戦争……

昨日には想像もつかなかった出来事が、今日は当たり前のようにあちこちで起きるのです。

そうなった場合、昨日までの常識では、対処しきれないこともあるでしょう。

過去に成功した方法や事例だからといって、それを状況の変わった現在へ持ち込もうとしても、うまく適応せず、抵抗を受け、物事は悪化します。

新しい時代には、新しい方法で行動できる、新しい人間が必要なのです。

そしてこの〝新しい人〟こそが、時代のイノベーションを引き起こすのです。

イノベーションを繰り返して、常に新しい時代を築く。

それは、人類にしかできない営みなのです。

44 緻密すぎる教育は、鉢植えの木のような人を増やす

The outcome of today's education is like a pretty houseplant, nicely shaped, but rather small in scale

現今の教育は、修学の順序といい、教育の仕方といい、至極緻密《ちみつ》であるが、成業の人を視ると鉢植の樹木を見るように、枝振りは好いがとかく小規模で、ただ小利にのみ走るという弊が見える。

【『渋沢栄一訓言集』学問と教育】

†

現代の言葉で言うと……

現代の教育システムは、順序も方法も非常に緻密だが、それで育った人間は、まるで鉢植えの木のようだ。枝振りなどの外見はよくても、実際はスケールが小さく、目先の欲に走る欠点がある。

広い枠組みで、スケールの大きな子を育てよう

子どもの教育は、親にとっては最大の関心事です。ですから、なるべく教育プログラムが細かく、充実している学校を選ぼう、と考えがちです。

そうやって、植木を鉢にきちんと植えるように、決められた枠の中で育てられたほうが、親としては安心できるかもしれません。けれど、子どもは常に、親の期待という型にはまるものではないのです。

それよりも、スケールの大きい大人に育ってほしい。もしあなたが親としてそう願うなら、子どもに与えるべきは、狭い枠組みではありません。

それは、限りない好奇心、揺るがない自信、心からの思いやり、疲れを知らない行動力――。

それら、子どもが本来持っているたくさんの美徳を、思いのままにすくすく伸ばしてやることなのです。

45 勉強の詰め込みはやめよう

Academic cramming is certain to give indigestion

むやみに学科ばかり詰め込めば
学問の食傷を起こす。

【『渋沢栄一訓言集』一言集】

†

現代の言葉で言うと……

ただ知識を詰め込むだけの教育では、
子どもたちは、学ぶことが嫌いになってしまう。

教育は「知ることの喜び」を育むべし

いつの時代にも、詰め込み学習をよしとする大人たちがいます。

けれど、知識を詰め込むばかりでは、子どもが自分で考え、疑問を持つ余地がなくなります。

疑問を抱かなくなれば、好奇心は失われてしまいます。

好奇心が失われれば、何かを知ることの喜びもありません。

新しいことを知ったときの、あの新鮮な驚きと喜び。

それがない勉強など、する意味があるのでしょうか？

本来、学ぶことは楽しく心躍る営みであるはずです。

その気持ちを感じさせてあげられないとしたら、詰め込み教育は、間違っているのではないでしょうか。

学ぶことの喜び、ときめきを、もっとじっくりと、子どもたちに味わわせてあげたい。

そうは思いませんか？

46 優れた人は静と動を両立させる

For the wise,
there is always the calm within the motion,
For the kind,
there is always motion within the calm

真の智者には、動中おのずから静があり、
真の仁者には、静中おのずから動がある。

【『渋沢栄一訓言集』処事と接物】

†

現代の言葉で言うと……

本当に賢い人は、行動しながらも、
常に思考している。
本当に思いやりのある人は、黙っているようでも、
常に思いやりを行動に移している。

思考と行動は、同時に行うべし

「考えること」と「行動すること」。

あなたはこの二つを、まったく別ものだと考えてはいませんか？

それは違います。この二つは表裏一体なのです。

たとえば、本当に頭のいい人は、沈思黙考しているときだけ頭を働かせるのではなく、行動しているときにも、常に何かを考えています。

次の行動はどうするべきか、その結果はどうなるか。

冷静に考えを巡らせ、判断を下していきます。

一方、本当の思いやりの心を持っている人は、ただ「かわいそう」などと、人に同情しているだけではありません。

黙っていても、自然に相手のために何かしてあげている。

心だけでなく、行動が伴ってこそ、真の思いやりです。

考えることと行動することは、両立してこそ意味があるのです。

47

学ぶことで、余計な心配は消えてしまう

Being high-strung only brings harm, relish the joy of learning

神経的のくだらぬ心配は健康上大害がある。
これを除くには学問を立脚地として、
精神修養の功を積むほかはない。

【『渋沢栄一訓言集』立志と修養】

†

現代の言葉で言うと……

無駄な心配をしてくよくよ悩むのは、体に非常によくない。
そんな気弱さを克服するには、
学ぶことによって、精神を鍛え、深めるしかない。

マイナス思考を脱却する方法は「学ぶこと」しかない

人はよく、小さなことで悩むものです。

たとえば、新しい仕事に携わるとき、とりかかる前から失敗したときの心配をしたり。あるいは、もう起きてしまったトラブルを、解決しようともしないで、ただくよくよ悔やんだり。

こんな心配は、するだけ無駄ですし、精神衛生上もよくありません。

そんなマイナス思考から脱却する方法は、ただ一つ。もっと学び、精進して、精神力を高めることです。

知識を増やし、経験を積めば、失敗も減ります。失敗を恐れなくなれば、無駄な心配もなくなり、前向きな気持ちで物事に臨めるはずです。

そして果敢に何かに挑戦していけば、さらに心は強く、たくましくなることでしょう。

第6章

家族と幸せになるための教え

48 偉人は母が育てる

Mother of greatness

とにかく優秀の人材は、
その家庭において賢明なる母親に
撫育《ぶいく》された例は非常に多い。

【『論語と算盤』 教育と情誼】

†

現代の言葉で言うと……

優秀な人物というものは、
多くは家庭で賢い母親に
育てられるケースが非常に多い。

女性は二通りの方法で社会に貢献する

母親とは、偉大なものです。

直接、自身が社会において何かの働きをするだけでなく、子どもを育て、次代に送り出すことで、間接的にも、社会や国家に貢献しているのですから。

つまり、新しい人材を作り、社会が発展していくための基礎作りの一端を、母親という存在が、少なからず担っているわけです。

ならば、その母親たちが立派であればあるほど、そしてその賢明さを自由に発揮できればできるほど、未来は明るくなる――と言えるのではないでしょうか？

その昔、女性は家庭に閉じ込められ、消極的に、己を殺して生きることが美徳とされました。

しかし、現代の母親たちには、直接的と間接的の、二つの方法で、社会に貢献できるチャンスがあるのです。

これは素晴らしいことではありませんか？

49 人の心に染み込んだものは、簡単には消せない

Once stained, hard to remove

浸潤は、実に恐ろしいものである。
一旦浸《し》み込んだら
容易に除き去れるものではない。

【『渋沢栄一訓言集』座右銘と家訓】

†

現代の言葉で言うと……

思想や習慣が身に染み付いてしまうというのは、
本当に恐ろしいことだ。
一度染み付いたものは、簡単には消せないのだから。

子どもが幼いうちに「よい色」に染めよう

人間とは、影響を受けやすく、流されやすい生き物です。

子どもたちは、自分では意識していなくても、まわりの人の考えや趣味嗜好、悪い習慣などに、いつのまにか影響されて、染まっていくものです。気づいたときにはもう、すっかりそれに侵されていて、変えようと思っても、なかなか変えられません。

それはまるで、服についた染みに似ています。心がまっさらな、幼いうちほど染み込みやすく、年月を経るほど、色が落ちにくくなる――。

けれど、染まるのを恐れるあまり、一生をただ真っ白いキャンバスのままで送るのは、あまりにもつまらない人生です。

どうせ子どもが何かの色に染まるなら、いい色に染めてあげようではありませんか。悪い色が侵蝕してくる前に、なるべく早く。

50 親孝行とは、親のおかげでできるものだ

The child doing good is in the hands of parents

孝行は親がさしてくれて初めて子が出来るもので
子が孝するのでは無く、
親が子に孝をさせるのである。

【『論語と算盤』教育と情誼】

†

現代の言葉で言うと……

親孝行とは、親にそれを受ける気持ちがなければ、
子どもだけがやろうとしても、できるものではない。
子どもが親孝行をするのではなく、
親が自然と、子どもにさせるのである。

「親の言いなり」イコール「親孝行」ではない

親はよく、子どもが自分の思うようにならないと、「親不孝者」と責めてしまいますが、それは大間違いです。

親孝行とは、そんなに単純なものではありません。

たとえば父親が、息子を無理矢理に、自分の思い通りにばかりさせようとすれば、息子はかえって父に反抗し、親不孝者になってしまうでしょう。かといって、自己主張もせず父の言いなりになる息子が、素晴らしいかといえば、それは違います。

親の言うことをただ黙って聞いていても、それは親孝行というわけではありません。

親が子どもに、一方的に孝行を要求せず、寛大な心で子どもの思うままの志に向かわせてやれば、子どもは自然と親に感謝し、孝行を尽くすはずです。

51 信と義は表裏一体である

Trust accompanies morality, and vice versa

信には義が伴わねばならず、
義には信が伴わねばならない。

【『渋沢栄一訓言集』一言集】

†

現代の言葉で言うと……

自分の信念を通すには、人への仁義を持たねばならず、
仁義を尽くすには、信念がなければできない。

嘘と利己心があっては、信義は成り立たない

「人」が「言う」と書いて「信」。

「王」を「我」が支えているのが「義」。

つまり、信とは本来、人の言葉に寄せられるもので、そこに嘘があってはいけません。また、義とは他の人間を支え、尽くすもので、そこに利己的な気持ちがあってはなりません。

信と義とは、人が正しく道を進もうとするときの、車の両輪のようなものなのです。

それでも人は、ときに信義を見失います。

ましてや幼い子どもであれば、なおさらです。

やっていないことを「やった」と言ったり、してしまったことを「やっていない」と言ったり。

幼い心に、こんな悪知恵が育たないよう、嘘をつかないこと、約束を守ることなど、信義の意味をきちんと教えましょう。

52 小事が大事となる危険を常に想定しておこう

Small matters can turn into a big deal

小事かえって大事となり、
大事案外小事となる場合もある。

【『論語と算盤』処世と信条】

†

現代の言葉で言うと……

「くだらない」と軽んじていたことが、
意外な大ごとを引き起こすこともあり、
「大ごとだ」と身構えていたことが、
意外に大したことなく過ぎ去ることもある。

些細なことにも誠意を持って対応すべし

大きなプロジェクトや取引などに携わるときは、誰でも精神を集中して臨むでしょう。その場合、細心の注意を払っているだけに、案外トラブルもなく、すんなり終わるものです。

一方、予算や規模の小さな仕事だと、軽々しい気持ちで取り組みがちでしょう。

ただ、小事も大事になることがあるのです。些細《ささい》だと思っていたトラブルが、後日大問題になったという経験は、誰でも持っているでしょう。

家庭でも同じことです。夫婦間で、一言が足りなくて大きな誤解を招いてしまい、たまっていた不満や不安が爆発して、取り返しのつかない亀裂に至る――。

そんなことのないよう、家庭内の小さな問題にも、丁寧に、誠意を尽くして対応すべきなのです。

53 習慣は他人に感染する

Habits are contagious

また習慣は唯一人の身体にのみ附随しているもので無く、
他人に感染するもので、
ややもすれば人は他人の習慣を模倣したがる。

【『論語と算盤』 常識と習慣】

†

現代の言葉で言うと……

習慣は、本人一人だけにしみついているものではなく、
まわりの人々にも伝染していく。
人間とは、他人の習慣を真似したがるものなのである。

習慣は人にうつるが、改めることもできる

習慣とは、日々重ねていくことで、その人の固有の特質になっていくものです。そしてそれは、まわりの人にも影響を与えます。

幼い子どもを見てください。

びっくりするほど、親の癖や行動様式を真似ていて、親からすれば、まるで自分を鏡で見るようです。

親の習慣が、知らず知らずのうちに、子どもにうつっているのですね。

そう考えると、少年少女時代にどんな人々と接するか、どんな習慣を持った人の中で過ごすかが、とても大事なことだとわかるでしょう。

とはいえ、人からうつされた習慣は、決して変わらないわけではありません。

たとえば、普段はどうしても早起きができない人も、試験に備えて、忙しい仕事の合い間に勉強しなければならなくなったら、必死で毎朝早く起きて、参考書を読むでしょう。いざ必要となれば、悪習も改めることは可能なのです。

第7章

人と人の関係を楽しくする教え

54 人の本質を見抜くには、視て、観て、察する

See the outside and the inside of the person

視、観、察の三つを以て
人を識別せねばならぬ。

【『論語講義（一）』為政第二】

†

現代の言葉で言うと……

人を見るには、眼で〝視〟て、
頭で〝観得〟して、
心で〝察〟しなければならない。

外面と内面の両方を見れば、人の本心がわかる

人が本心や行動を隠したいと思えば、それを見破るのは、簡単なことではありません。

ただ、もしその人をよく「視て」いれば、立ち居振る舞いから、行為がわかります。

これは、その人の「外面」です。

次に、その人をよく「観て」みれば、発言や行動、表情などから、動機がわかります。

それは、その人の「内面」です。

さらに、その人をよく「察して」みれば、その人が何を望み、どうすれば喜び満足するかが、わかります。

これも、その人のさらに深い「内面」です。

つまり、人を視て、観て、察すれば、その人の外面も内面も、手に取るようにわかるのです。

その人はもう、本心や行動を隠すことはできません。

55 来訪者がいかに多くても、時間の許す限り会おう

You should never be too busy to meet people

老年となく青年となく、勉強の心を失って終《しま》えば、その人は到底進歩発達するものではない、いかに多数でも時間の許す限り、たいていは面会することにしている。

【『論語と算盤』常識と習慣】

†

現代の言葉で言うと……

若くても年をとっていても、学ぶ心を失っては、人の進歩は止まる。それを防ぐため、訪れてくる人がいくら多くても、時間のある限り、なるべく会うようにしている。

来訪者を門前払いするのは、幸運を門前払いすることだ

毎日忙しく働いていると、なかなか新しい人と会う時間は取れませんよね。でも、人と会うことは、実はとても勉強になるのです。

あなたは確かに自分なりの知識を持っているでしょうが、それはあくまで、自分の経験の範囲内のものです。

でも、まったく違う人生を歩んできた人なら、あなたの考えの及ばないような、優れた知識や見解を持っていることもまた確かでしょう。

なるべく多くの人と会って、いろいろな知識を吸収すること。

それは、幸運の源です。

どんなに忙しくても、来訪者を門前払いすることは、幸運も門前払いするということなのです。

ただし、知識を得てもそれを活かさなければ、何の意味もありません。

せっかく人に会った時間も、無駄になってしまいます。

行動することで、幸運は拓《ひら》けるのです。

56

志が立派なだけでは、世間は信用しない

Thought it was kindness,
but it was not

志がいかに善良で忠恕《ちゅうじょ》の道に適《かな》っていても、
その所作がこれに伴わなければ、
世の信用を受けることができぬ訳である。

【『論語と算盤』常識と習慣】

†

現代の言葉で言うと……

どんなに素晴らしい志があり、
思いやりの心を持っていても、
それに従った行動ができなければ、
世間の誰にも信用されるはずがない。

善意や親切は、行動で示して初めて意味を持つ

こんな話があります。

卵からかえろうとしている鳥のヒナが、卵のカラからうまく離れることができず、困っているようです。

これを見た人が、優しい気持ちでカラをむきました。

でも、そのせいで、逆にヒナは死んでしまいました——。

親切な心でしたことが、相手のためにならないこともある、という教訓です。

心と行動を一致させることは、難しいことですね。

ただ善意がある、というだけでは、人から信用を得ることはできません。

これに反して、志が多少捻《ね》じ曲がっていても、行動がすばやくて的確な人が、信用されることもあります。

そのような人のほうが、善意の人よりも早く、成功を手にする場合もあるかもしれません。

そんな理不尽なことのないよう、善意は必ず正しい行動で示したいものです。

57 結末より過程が大切だ

Not how he died, but how he lived

末期における教訓が尊いというよりは、
むしろ生前の行為こそ真に崇敬すべき。

【『論語と算盤』人格と修養】

†

現代の言葉で言うと……

人が死ぬときに残した教えが大事なのではない。
生きている間に何をしたかが、本当に大切なのである。

成果や結果だけで物事を判断してはならない

トム・クルーズ主演の映画『ラストサムライ』の最後のシーンに、明治天皇と主人公の、こんなやり取りがあります。

「教えてくれたまえ、彼はどのように死んだのだ？」

「いいえ、彼がどのように生きたかをお話しいたしましょう」

人は、死んだ瞬間より生きていた間のほうが重要だ——。

渋沢栄一の遺した言葉と同じことが、ハリウッド映画で語られているのです。

それは、このことが人間に共通の真実だからでしょう。

しかし世間一般には、人や物事の結末だけを見て、それですべてわかったと思い込む傾向があります。

「その結末に至る過程がどうだったのか」には、なかなか目を向けないのです。

成果や結果だけで判断するのは容易でしょう。

けれど、その人や物事の本質は、長い時間をかけて築かれてきたもの。

その過程に、もっと注目すべきではないでしょうか。

58 忙しくても、二つのことを同時にやるな

Focus on others, especially when you are busy

いかに忙しき時とても、仕事を考えながら人と談話し、談話しながら事務上に心を配るなどは、過誤を招く所以《ゆえん》である。

【『渋沢栄一訓言集』処事と接物】

†

現代の言葉で言うと……

いくら忙しいときだからといって、仕事のことを考えながら雑談したり、雑談しながら仕事を気にかけたりするのは大きな失敗を招くもとである。

「ながら作業」のツケは自分に返ってくる

目が回るほど忙しい、そんなときは、人と話していても、別の仕事のことを考えていたり、何か仕事をしながら、人と相談をしたりと、〝ながら作業〟をしてしまいがちですよね。

でも、それでは、思いもよらない誤解や、大きなミスを招く可能性が高まります。

そうなると、その誤解を解いたり、失敗を取り返したりしなければならず、かえって仕事が増えてしまいます。

忙しさが、さらに忙しさを生む悪循環ですね。

こんなときは、「忙しい」ということは、何の言い訳にもなりません。

結局は、ツケは自分に返ってくるものです。

ならば「忙しい」を言い訳にせず、それぞれの人や仕事に、ちゃんと向き合いましょう。

59 「楽しむ気持ち」はどんどん広がるものだ

One person's joy does not stop there, but spreads across the land, always

一人の楽しみは、
決してその人限りに止まらず、
必ず広く他に及ぶ。

【『渋沢栄一訓言集』処事と接物】

†

現代の言葉で言うと……
楽しいと思えば、その気持ちは本人だけでなく、まわりの人々にまで必ず広がっていくものだ。

幸せは人と分かち合えば二倍、三倍になる

仕事で成功したとき、「誰かを誘ってご馳走して、喜びを分かち合いたい」と思うことはありませんか？

楽しい趣味に打ち込んでいるときは、同好の仲間と一緒に語り合いたくなりますよね。

楽しみとは、一人だけで味わおうとしても、その幸せは味気なく、長くは続かないものです。

それよりも、他の人々にもその気持ちが伝わり、ともに楽しさを倍にも三倍にもしていく幸せ、これは永遠のものだといえるでしょう。

やはりわれわれは、毎日を生き生きと過ごし、わくわくする気持ちを忘れずに、人生を楽しむことが大切なのです。

そんなふうに、充実した人生を送りたいなら、あなたから、楽しみを広げましょう。

永続する幸せのために——。

60 一本のマッチから大火事になる

Trust is absolute, so remember that a small match can start large fires

およそ信用は絶対的なものである。（中略）
一本のマッチ、一個の吸殻からも
大火の起こることがある。

【『渋沢栄一訓言集』実業と経済】

†

現代の言葉で言うと……
信用は、小さなきっかけでも
完全に失われることがある。
ほんの一本のマッチや吸い殻の不始末から、
大きな火事が起きるようなものだ。

小さなミスが信用をすべて台なしにする

信用、信頼とは、強固な絆である反面、一度損なわれてしまえば、取り返しがつきません。

ほんの小さな嘘だったとしても、相手への誠実さを欠いた行動を取れば、その人にとってあなたは、〝信用できない人〟となり、人としての価値を減じられてしまいます。

あなたがそれまで築いてきた人格にヒビが入り、傷もの扱いされてもしかたありません。

大火事を起こした人は、誰もが後で嘆きます。

「あの一本のマッチを、あの一個の吸い殻を、きちんと始末しておけばよかった」と。

その小さな火種のせいで、財産も信用も失うことになったのですから。

ですから信用には、決して小さな傷もつけないよう、大事に大事に守りたいものですね。

61 心の余裕は「仁」から生まれる

Being kind to others gives yourself leeway

人の安宅《あんたく》は「仁」の一事に帰着する。
一切の私心を挟《はさ》まずして事に当たり、
人に接するならば、心中常に綽々《しゃくしゃく》たる
余裕を保っていられる。

【『渋沢栄一訓言集』処事と接物】

†

現代の言葉で言うと……

人として心安く生きるには、思いやりを持つことだ。
自己の利益は忘れて物事を処理し、人に応対すれば、
自分の心もいつも安らかに余裕を持っていられるものだ。

「仁」を意識し続ければ、私心を忘れられる

〝仁〟とは、思いやりの心を表します。

自分の下心や欲を交えることなく、相手を思いやる気持ちだけで人に接することができれば、自分に何の恥じるところもなく、ゆったりと、心に余裕を持っていられます。

自分自身に余裕が生まれてくれれば、もっともっと、人に対して、真の思いやりを向けることができるようになります。

思いやりと余裕の相乗効果ですね。

ただ、心から私心を捨てて人に尽くすのは、かなり難しいことでしょう。

つい、自分の利益を先に考えてしまうかもしれません。

それでも常に〝仁〟を意識し続けること。

そのうちに、だんだんと私心を忘れられるはずです。

62 形だけの「礼」は、礼をしないより悪い

Say thank you to others, not in form, but with substance

人に対して敬礼を欠いてはならない。
されどただ形式だけの敬礼は、
往々相手の感情を害し、
かえって礼せざるに劣るものである。

【『渋沢栄一訓言集』処事と接物】

†

現代の言葉で言うと……

人に敬意を表し、挨拶をすることを忘れてはならない。
ただ、形だけの礼ではかえって相手は不快になり、
挨拶をしないよりもむしろ失礼になるものだ。

礼や挨拶には心を込めるべし

心からの気持ちで、「ありがとう」と伝えることは、本当に、本当に大事なことです。

けれど、口先だけでお礼を言ったり、型通りの礼状を送ったりしても、そこに心がこもっていないことは、おのずと相手に伝わってしまうものです。

そうなれば、相手は気分を害するでしょう。

逆に、感謝の気持ちを誠実に伝えるなら、いくらか儀礼から外れたり、言葉が間違っていたりしても、相手が不快の念を抱くことはないでしょう。

「最高の礼儀を尽くす」ということは、形式的な礼の言葉を長々と連ねることでも、高価な品を送ることでもなく、あなたの誠意を、相手の心に届けることです。

第8章

会社の本質を見抜く教え

63

株主に委託された会社を自分のもののように扱うのは悪徳経営者である

Three types of executives to avoid: The title holder, the incompetent & the only me

現代における事業界の傾向を見るに、まま悪徳重役なる者が出でて、多数株主より依託された資産を、あたかも自己専有のもののごとく心得……

【『論語と算盤』 算盤と権利】

†

現代の言葉で言うと……

今のビジネス界では、悪徳重役と言われる者がおり、彼らは、多くの株主から企業や資産を委託されただけなのに、まるで私財であるかのように勘違いしている。

無能、悪徳な経営者には関わるべからず

残念ながら、経営者の中には、「一国一城の主」の資格のない者が、大勢います。彼らは、大きく三種類に分かれます。

第一に、肩書重視タイプ。
これは社会的な肩書だけを求める人で、野望も矮小《わいしょう》なので、大した害はありません。

第二に、経営無能タイプ。
人間的にはいい人でも、事業の経営能力がありません。
部下の能力も、帳簿上の数字も把握できない。
悪意はなくても、会社を大変な事態に陥らせる可能性があります。

第三に、利己主義タイプ。
会社を、自分だけの利益獲得の踏み台にする者です。
故意に株価を操作したり、株主に対して利益をごまかそうとしたり。
これらは、明らかに悪徳な行為といえます。

こんな経営者たち、中でも第三のタイプのような悪徳経営者とは、関わりを持たないことです。

64

競争にはモラルが必要だ

Competition, the good and the bad

商売上（殊に輸出営業などについて）に注意を望むのは、競争に属する道徳である。（中略）すべて物を励むには競うということが必要であって、競うから励みが生ずるのである。

【『論語と算盤』算盤と権利】

†

現代の言葉で言うと……

ビジネス（特に輸出関係など）の上の競争では、それに伴うモラルを忘れてはならない。物事に励むためには、競争が必要である。人と競い合うからこそ、努力が生まれる。

「悪意の競争」ほど怖いものはない

「競争」という言葉は、今の日本で、ときに悪意を持って受け取られますが、人は人と競い合うからこそ、努力し、向上するものです。

ただし、競争には善と悪の二種類があります。

毎日、他の人より朝早く起きて、人より多く努力をし、他人に打ち勝つことは、よい競争です。

一方、他人が企画したことが、世間で評判がよいからといって、これを真似したり、横取りを企んだりするのは、悪い競争です。

この〝競争の悪用〟ほど怖いものはありません。

小さく見ると、一企業の経営の発展を妨害しかねず、大きく見ると、一国の運営全体の信用に、傷をつけかねません。

前向きなイノベーションは、善意の競争ですが、姑息なイミテーションは、悪意の競争なのです。

65 信任を失った経営者は潔くその職を去れ

Prestige of the executive and assets of the company are all entrusted by the shareholders

会社の重役たる名誉も、会社の資産も悉《ことごと》く多数株主から自分に嘱託《しょくたく》されたものである。若《も》し多数人の信任が無くなった際は、何時でも潔く其《そ》の職を去るのが当然のことである。

【『渋沢栄一伝記資料』青淵百話】

†

現代の言葉で言うと……

企業においては、役員の肩書もその資産も、すべて多数の株主から委託されているものである。だから、株主の信用を失った経営者は、当然、ただちに職を辞するべきである。

経営者は「株主から企業を預かっている」存在だ

「コーポレート・ガバナンス」

近年、よく聞くようになった言葉です。

カタカナが嫌いな人は、「企業統治」と呼びますが、要は、企業内部の不正を防止する自浄機能のことです。

これは、「企業とは誰のものなのか？」という根本的な問いかけへの、一つの回答です。

企業は株主のもの。決して経営者個人のものではない。

経営者は、常に株主の利益を考える義務がある——。

これが答えです。

この概念は、人間関係のしがらみを重視する「日本的経営」を脅かす、という意見もありますが、実は、資本主義が日本に到来した明治時代から、「資本と経営を分離すべき」という考えはありました。

いま一度、経営者は、「誰のために働いているか」を、自分の胸に問いかけてみてほしいものです。

66 信用すなわち資本と思え

Trust is indeed your capital and the foundation of your prosperity

信用は実に資本であって
商売繁栄の根底である。

【『渋沢栄一訓言集』実業と経済】

†

現代の言葉で言うと……
信用とは、企業にとって資本であり、
ビジネスの成功の基礎にあるものだ。

資本主義の根本は、お金ではなく信用である

ビジネスにおいて、信用とはとても大切なものです。

たとえばあなたは、「大きな資本の企業であれば、おのずと信用が高まる」と思っているかもしれません。

しかし、それは本末転倒した考えです。

信用を高めなければ、資本を大きくすることもできません。

たとえ大資本を持ったＡ社が、Ｂ社を支配しようとしても、そこにＡ社に対する信用がなければ、Ｂ社は思い通りにはならないでしょう。

それは近年の、テレビ局買収騒動でも明らかでした。

企業を経営するとき、小さい資本を積み重ねていけば、いつかそれは、大きな資本になります。

同様に、小さい信用を積み重ねれば、やがて大きな信用を得られるのです。

資本主義の根本は、お金ではなく信用です。

事を焦らず、コツコツと信用を積み重ねましょう。

67 「他人をも利すること」を考えよう

Grabbing your share or sharing the fruits together, which is the better way is quite obvious

他人を押し倒してひとり利益を獲得するのと、
他人をも利して、ともにその利益を獲得すると
いずれを優れりとするや。

【『渋沢栄一訓言集』道徳と功利】

†

現代の言葉で言うと……

人を押しのけて、その分まで自分の利益にする人と、
人も自分も、どちらも利益が得られるようにする人。
どちらが優れているかは、明らかである。

利益を独占する者は、必ず衰退する

自分一人だけ、利益があればいい。
むしろ利益はすべて、独り占めしたい。

こう考える人も、私たちの社会では少なくありません。

しかし、悲しいかな、そんな状態は永続しません。
同業他社と利益ばかりを争って、発展する努力を怠れば、いずれ会社は衰退し、得られる利益も少なくなります。
それどころか、信用を失って、その業界からはじき出されてしまうことでしょう。

これは、自然の道理です。
逆らうことはできません。

そうならないためには、やはり、ときには他人や他社と共同して、大きな利益を上げるべきです。

パイの取り合いをするより、パイ全体を大きくすることに目を向けるのです。

68

新しい事業とは、苦難の末に成功に至るものだ

The road of new businesses is never straight, but the only choice is forward on

およそ新創の事業は一直線に無難に進み行かるべきものではない。あるいは躓《つまず》き、あるいは悩み、種々の困難を経《へ》、辛苦を嘗《な》めて、はじめて成功を見るものである。

【『渋沢栄一訓言集』実業と経済】

†

現代の言葉で言うと……

新しい事業を立ち上げたなら、それが困難なく順調に発展する、と楽観してはいけない。

ときに挫折し、苦悩し、困難や辛さを克服して、初めて成功を手にすることができるのだ。

成功は、曲がりくねった道の先にしかない

想像してみてください。


高い志をもとに、入念に計画を重ねて、いよいよ立ち上げた新事業があります。

自分も周囲も、その事業に大きく期待しています。

では、それは、何の困難にも遭わず、たちまち成功に辿《たど》り着きそうですか?


そんなことは、ありえませんね。

新しい分野に一歩を踏み出すということは、前人未到の荒野を切り拓《ひら》いていくということ。

石につまずいたり、イバラに傷つけられたり、道に迷ったりするのが当たり前です。


転んだら立ち上がり、傷口をなめてまた進む。

曲がりくねった道ではありますが、選択肢は一つしかありません。

ただ前進するのみです。

成功は、その先にしかないからです。

69

結果を出すことより、自分の本分を尽くすことを考えよ

Results are not everything

事業経営に利益を希望するは当然である。
されどその結果ばかりに着眼せず、
まず己《おの》れの本分をつくすことを目的として、
事に従うべきものである。

【『渋沢栄一訓言集』道徳と功利】

†

現代の言葉で言うと……

事業を起こすからには、利益を望むのは当然のことだ。
しかし、利益の多寡ばかりに目を向けていてはいけない。
自分の力をすべて発揮しつくす。
まずはそのことを目標にして、経営を行うべきである。

利益は目的ではなく、結果にすぎない

「ビジネスは結果がすべて」

そんな言葉を耳にすることがありますが、果たして本当にそうなのでしょうか？

結果を出すことだけを目的にしていては、利益が出たら「よかった」で終わり、失敗すれば、「すべて無駄」ということになります。


それよりも、こう考えてみましょう。

自分が持っている能力を追求し、磨き、実行する。

それらの努力の実ったものが、結果である——。


そう思えば、結果がどうあれ後悔はなく、失敗しても、経験や成長など、何かが残るでしょう。


それに、ビジネスで成功した人も失敗した人も、皆、人間として辿り着く結末は同じ〝死〟です。

その最後の日まで、精一杯生きたいと思いませんか？

70 報酬のためだけに商売をしてはならない

The reward of your fine efforts
or just the reward, regardless of your efforts

単に自己の利益のみを主とし、利益を得んがために、商売をなすというならば、すなわち報酬を得たいために、職務を執るというに同じく、つまり報酬さえ得れば、職務はどうでもよいことになる。

【『渋沢栄一訓言集』道徳と功利】

†

現代の言葉で言うと……

ただ自分の利益だけを中心に考え、それを得るためにビジネスを起こすのは、給料がほしいから働く、という人と同じである。こういう人は、給料さえもらえれば、自分の仕事の内容などどうでもいい、と考えている。

利益のためではなく、自分が信じた道のために働くべし

あなたは、自分の仕事に誇りを持っていますか？

「給料のために働くだけ」という人もいるでしょう。

しかしそれでは、〝報酬〟という主人に使われる、〝奴隷〟のようなものです。

もちろん、生活費を稼ぐことは不可欠です。

誰でも、ある程度以上は、豊かな人生を送りたいのですから。

でも、「人に使われるサラリーマンだから」と思って、自分の仕事に誇りも責任も持てない人や、「慈善事業じゃないんだから」とぼやきながら、利益優先のスタンスで仕事をこなしている人が、豊かな人生を送っている、と言えるでしょうか。

人は、自分自身の信じた道を歩むべきです。

天命を尽くし、それによって身を立てなければならない。

豊かな人生とは、そういうことを言うのです。

71 水溜まりや滴を集めれば、大河になる

Even small puddles and dew drops can gather to the strength of a great river

銀行は大きな河のようなものだ。
銀行に集まってこない金は、
溝《みぞ》に溜《た》まっている水やポタポタ垂れている滴《しずく》と変わりない。

【第一国立銀行株主募集布告】

†

現代の言葉で言うと……

お金を水にたとえると、銀行は大きな川である。
この大河に集まってこないお金は、
ドブに澱んでいる水や上から垂れてくる滴と同じで、
まだ活かされていない。

無駄に眠るお金も、集めて国のために尽くす

お金とは、人を利し、国を富ませるための資源です。

たとえるなら、水のように「なくてはならないもの」です。

銀行とは、その必要不可欠なお金を集めて大きな河にし、産業の原動力にするためのシステムです。

水が大河になれば、水車を回すことができるように、巨額のお金が集まれば、国家や経済を動かし、国を発展させて、人々に利益という果実をもたらします。

そして、ファンドもまたこれと同じです。

ファンドはリスク・キャピタル（資本）の大河を形作っています。

実は、大河に集まってこない水、つまり、無駄に眠っているお金が、世の中にはたくさんあります。

これらを集めて、人々のため、国家のために活かさなければならない。

その意味では、銀行もファンドも、同じ目的を持っているのです。

72 「個人も社会も儲かるビジネス」かどうかを見きわめよう

Do you profit? Does the society profit?

個人を利すると共に
国家社会も利する事業なるや
否やを知ること……

【『渋沢栄一伝記資料』青淵百話】

†

現代の言葉で言うと……

新しいビジネスに乗り出すときは、
個人の利益だけでなく、
公共の利益にも与《くみ》するものか、見極めよ。

社会の利益になるビジネスこそ成功する

新しく事業を立ち上げる起業家に、覚えておいてほしい四つの心得があります。

第一に、その事業が成立するかどうかを研究すること。つまり、まずは、ビジネスモデルが確立できているかどうかを知らねばなりません。

第二に、その事業は、個人にのみ利益をもたらすだけか、それとも社会にも利益をもたらすかを見きわめること。個人が利益を得るのは当然ですが、同時に社会にもメリットがあり、社会貢献ができるのがベストです。

第三に、スタートのタイミングが正しいかどうかを判断すること。いくら優れたビジネスモデルでも、技術の発展や社会の潮流と合っていないと、続きません。

第四に、経営者に適切な人物を抜擢したかどうかを判断すること。いくら資本が集まって、設立のタイミングがよくても、そのビジネスを実行できる人材が、最も不可欠です。

これらを見極めてから、新事業に乗り出しましょう。

第9章

社会を元気にする教え

73 王道を歩こう

Walk the road of the kings

もしそれ富豪も貧民も王道をもって立ち、王道はすなわち人間行為の定規であるという考《かんがえ》をもって世に処すならば、百の法文、千の規則あるよりも遥《はる》かに勝った事と思う。

【『論語と算盤』算盤と権利】

†

現代の言葉で言うと……

貧富、貴賤にかかわらず、人が王道、つまり仁徳にのっとって生き、王道を人間の言動を計る基準として事に当たるならば、何百、何千という法律や規律によるよりも、ずっと正しく生きるだろう。

法や規則より、自らの王道に従って生きよ

王道。

大仰な言葉ですが、平たく言えば、「人が胸を張って進むべき道」のことです。

「法律や社会的規範とは別に、人が自らを律するルール」とも言えます。

社会の問題は、単に法律の力だけで、すべて解決されるものではありません。

人と人との心のつながりの中で、解決できることもたくさんあります。

もちろん、法律は必要です。

でも、何でも法律だけを基準に考え、

「法律で禁じられていないから、やってもいい」などと、すべてをその判断に委ねるのは、いかがなものでしょうか。

それよりも、すべての人が心に〝王道〟を持つべきです。

その王道に従って行動するのは、ある意味で、法律を守ることよりも尊いのです。

74
格差がない社会は元気がない社会だ

Society without any differences lacks vigor

富の分配平均などとは思いも寄らぬ空想である。要するに富むものがあるから貧者が出るというような論旨の下に、世人がこぞって富者を排擠《はいさい》するならば、いかにして富国強兵に実を挙ぐることが出来ようぞ。

【『論語と算盤』算盤と権利】

†

現代の言葉で言うと……

「人は富を平等に分配されるべき」と主張するのは、とんでもない絵空事だ。「富める者がいるから貧しい者が生まれる」という考えで、世を挙げて前者を除こうとするならば、富国強兵策が成果を上げられるはずがない。

より豊かになりたいと願う心が、国を元気にする

国民全員がお金持ちになれるとしたら、それは理想的な、素晴らしいことです。ただ、人には、勤勉さ、体力、能力、そして感性の差異があります。

それぞれの個人に差異があるのですから、その得る富にも差が生じるのは当たり前のことでしょう。

ましてや、「富を平等に分配し、貧しい者をなくそう」などと考えるのは、あまりに非現実的ですし、それでは人は、何を目標に、仕事に励めばいいのでしょうか。

弱者、敗者に全体の水準を合わせる社会よりも、彼らが強者、勝者になれるように応援する社会。

そんな世の中のほうが、健全で明るく、向上心に富んでいます。

国の「元気」や「富」とは、このように、大勢の国民の一人一人が、「元気」に「富」を求める社会が生み出すのです。

75 弱者の自立を促すような救済策が必要だ

The weak shall stand, the strong shall see

弱者を救うは必然のことであるが、更に政治上より論じても、(中略)成るべく直接保護を避けて、防貧の方法を講じたい。

【『論語と算盤』仁義と富貴】

†

現代の言葉で言うと……

社会的に弱い人は、当然助けるべきだが、政治的に考えても、できれば直接守ってあげるより、貧しさをなくすやり方を考えるほうがよい。

援助によって、弱者を堕落させてはならない

人は、自分一人では何もできません。国や社会の土台があるからこそ、事業を行い、利益を上げて、安全に生活できるわけです。

もしも国や社会が存在しなければ、どんな能力ある人でも、それを活かすことはできません。

ですから現代において、成功した人々は、国や社会からかなりの支援を得ているといえます。

そのことを知れば、この恩恵へのお返しとして、弱者への救済事業に努めようと考えるのは当然でしょう。

いかに苦労して築いた富であっても、その富は、自分一人の功績ではないのですから。

ただ、だからといって安直に金銭を援助し、貧しい者が何の努力もせず金持ちになれるようでは、かえってその本人を堕落させてしまいがちです。

それよりも、彼らが自らの力で貧しさを脱却できるよう、そのサポートをすることこそが、必要なのです。

76 世界の大国と競争しよう

Don't just protect your precious order, fire up!

頃日来《けいじつらい》社会の上下一般に元気が銷沈《しょうちん》して、発達すべき事柄が著しく停滞し来たようである。やり来た仕事を大切に守って、間違いなくやって出るというよりも、更に大に計画もし、発展もして、盛んに世界列強と競争しなければならぬのである。

【『渋沢栄一伝記資料』青淵百話】

†

現代の言葉で言うと……

このところ、日本社会が全般的に元気がなく、伸張するはずのものがかなり停滞しているようだ。

既存の仕事だけを大事に、確実にやればいいと考えず、もっと大きなことを計画し、発展向上させて、精力的に世界の列強各国と競争しなければならない。

秩序を壊して、大きなことをやろう

率直に言って、最近の日本では、人々の意気や覇気があまり感じられません。大きな野心を抱いたり、必死に努力する者は少なく、皆、「生ぬるい生活でいいから、ただ平和に暮らしたい」ということだけを望んでいるようです。

それは、社会が必要以上に、秩序に縛られるようになったからだと思います。秩序から外れてアウトローにならぬよう、人は何事にも慎重な態度を取るようになったのです。

しかし、「その日その日を無事に過ごせばいい」という傾向は、日本にとっては嘆かわしいことです。

与えられた仕事や義務をただ真面目に果たすだけの者は、エリートとは言えません。彼らは単なる〝歯車〟です。

そのような人たちだけでは、国は豊かになれません。

「今の秩序からはみ出しても、大きなことをやろう」

そんな元気を持つ者が、今の日本には必要です。

そういう人が、豊かな国へと導いていくのです。

77 生ぬるい湯につかるな

A land of impassionate people will eventually fall

何事にも熱情なき人がある。
これを国家社会の上から見れば、
酔生夢死《すいせいむし》の人間というほかなく、その種の人が多くなれば
すなわち国は必ず滅ぶ。

【『渋沢栄一訓言集』座右銘と家訓】

†

現代の言葉で言うと……

何をするにも情熱を持って臨まない人々がいる。
国や社会からの視点から彼らを見れば、貴重な人生を無為に過ごしているとしか言えない。
そんな人間たちが増えれば、間違いなく国は滅びるだろう。

情熱を失った国民が増えれば、国は滅ぶ

お金儲けに興味がなく、特に欲のない人。

かといって、慈善や福祉にも貢献しようとしない人。

私たちの社会には、残念ながら、どんなことに関しても、まったく情熱を持っていない人がいます。

「自分には関係ないさ……」とでも思っているのか、一生、生ぬるい湯につかっていて、何もせずに、ただ存在しているような人たちです。

これを〝酔生夢死〟――酒に酔ったように生き、夢を見るように死んでいく――と呼びます。

何もせず、のらりくらりと無駄に一生を過ごすことです。

このような人が多くなれば、国も社会も発展するはずがありませんね。

必ずいつか、衰退して滅びるでしょう。

少なくとも自分は生ぬるい湯を出て、まわりの人にも出ようと呼びかけたいものです。

78 多くの人に多くの幸福を与えよう

To give the most happiness,
to as many people as possible,
is the responsibility of all of us

できるだけ多くの人に、
できるだけ多くの幸福を
与えるように行動するのが、
吾人の義務である。

【『渋沢栄一訓言集』一言集】

†

現代の言葉で言うと……

なるべく大勢の人が
なるべく多くの幸せをつかめるように。
常にそう考えて行動するのが、われわれの義務だ。

人間一人一人が、他の人の幸せを願うべし

この世に生きている一人一人が、「自分以外にもなるべく多くの人に幸せを」と思って行動するようになれば、社会がよくなっていくのは当然ですね。

ただ、多くの人は、他の人の幸福など眼中になく、「自分だけが幸福になれればいい」と考えて行動しています。

これが、私たちが直面している社会の現状です。

さらに、極端な場合では、「できるだけ多くの人に、できるだけ多くの恐怖を与えることが、自分たちの使命である」という、歪んだ信念を持つ悲しい人たちがいます。

これもまた、現代社会のもう一つの現実です。

そんな人たちの愚かな行動などで、私たちの社会を乱されないためには、やはり、一人一人が他人の幸せを念頭において、「幸福を広める」という義務を忘れずに行動するしか、解決案はないでしょう。

79 公益を口実に、他人に保護を求めるな

They speak of the public good, when they actually mean protection of the self

公益を口実にして
他の保護を求めるは日本人の通弊である。（中略）
世間には随分勝手な説を立てる者がある。

【『渋沢栄一訓言集』道徳と功利】

†

現代の言葉で言うと……

国のため、社会のためだ、と言って、
他者や国家からの援助、保護を要求する人が、日本人には多い。
世の中にはずいぶん、勝手な口実を言い立てる者がいるものだ。

他人や社会の援助に頼るべからず

「国や社会のためになるのだから」と言って、援助や保護を声高に要求する人たちを、しばしば見かけます。

日本には、昔から仏教的、あるいは儒教的な道徳観で、「困っている人に手を差し伸べるのは人の務め」という考え方が根付いていますから、こういう要求をされると、つい受け入れてしまいます。

しかし、多くの場合、その人たちの意図は別にあります。公益を謳《うた》いながら、実は私益のためなのです。「自分を助けてほしい」という欲求が、言葉の裏に隠されていることが多いのです。

あるいは、自分の利益のためなら、労力も知力も資本力も、いくらでも動かす人が、公益のためとなると、労力を惜しみ、他の人に責任を転嫁しようとする場合もあります。

こういう勝手な人たちの言い分に惑わされず、本当の公益のために行動したいものですね。

80 一部が気に入らないと、全体を否定しがちだ

Why is the one, a representative of the whole?

とかく人は一局部に不如意のことがあれば、
全体を善からぬものとする弊がある。

【『渋沢栄一訓言集』処事と接物】

†

現代の言葉で言うと……

一般に人は、物事のどこか一つでも、
自分の思惑と違っている、意に染まない部分があれば、
その物事全体を「よくない」と判断してしまう傾向がある。

物事の全体を見てから、判断を下せ

たとえば、あなたが店に買い物に行ったとします。

そして、応対したアルバイトの態度が悪かったとします。

するとあなたは、「近頃の若い子たちはなっていない、ひどい連中だ」と思うかもしれません。


しかし、それは果たして真実でしょうか？


たった一人のアルバイトの子の態度を見て、「近頃の若い子たち」全体を判断はできません。

若い世代の中には、当然、立派な人もいるのです。


アメリカ人や中国人やアラブ人の友人を持たない人は、テレビで報じられるほんの一握りの外国人を見て、それがその国民の全体像だと思い込むかもしれません。

けれど、もちろん、それは間違いなのです。


一本の枯れ木しか眼中になければ、茂った森は見えません。

冬だと思ったのが、実は春かもしれないのです。

常に広い目で、物事の全体を見ましょう。

81
安易に多数決に頼るのは残酷な行為である

Rule by majority, how so simple and so cruel

何事も多数決、多数決というけれども、
多数の力で少数の者を圧倒するは、
これほど容易のことはない。
またこれほど惨酷《さんこく》のことはない。

【『渋沢栄一訓言集』道徳と功利】

†

現代の言葉で言うと……

今の世の中では、何事でも多数決で決めようとするが、
それで少数の人間の意見を封じ込めるのは、とても簡単なことだ。
一方で、それはまた残酷なことでもある。

少数派の意見にも、必ず耳を傾けよ

政治にしろ経済にしろ、何かを決定するときに、現代社会では、多数決をもってすることがほとんどです。

民主主義、株主資本主義の社会ですから、当然です。

でも、多数が賛同しているからといって、少数派の意見を無視し、虐《しいた》げてもよいものでしょうか。

それでは、多数派が少数派を支配し、相手の自由を奪い取っているのも同然です。

安易に相手から自由を奪い取ることは、人の尊厳を無視した、残酷な行為です。

それに、少数派の意見にも耳を傾けるべき余地はあるし、そこから多数派の人々が得るものもあるでしょう。

競争は、人類の発展のために不可欠なものです。

しかし、勝者に見識と敗者への思いやりがなければ、それはむしろ、全体の発展を妨げる結果になるでしょう。

82 実業は国力のエンジンだ

Unleash the engine for the wealth of a nation

その人、その国の生存上最も必要なるは実業である。
この実業の力を強くするのが、
すなわち国の富を強くする所以《ゆえん》である。

【『渋沢栄一訓言集』 実業と経済】

†

現代の言葉で言うと……

個人にとっても国家にとっても、
それが存続するために最も大切なのは実業である。
実業に一生懸命打ち込んで発展させることが、
ゆくゆくは国家を豊かにするのだ。

国家も政治も、実業の発展を断じて束縛してはならない

人が生きていくためには、仕事をしなければなりません。仕事をして、お金を手に入れなければなりません。

国家も同様です。経済活動が活発になれば、国は豊かになり、発展します。つまり、実業こそが国を動かすエンジンなのです。

このエンジンの燃料、つまりお金を生むのは、政治権力や行政権力というタックス・イーター（税を食べる者）ではなく、あくまでもビジネスに携わるタックス・ペイヤー（税を払う者）です。

ですから、実業が発展するのを、政治や行政が束縛することなど、あってはなりません。むしろ自由な経済活動を、国家が、政治が、サポートし、国力を高めるべきなのです。

第10章

世界とともに生きるための教え

83 天から見れば、人間は皆、同じである

Seen from the heavens,
we all live in the same place

天より人を視れば、
みな同じく生みしところのものである。

【『渋沢栄一訓言集』道徳と功利】

†

現代の言葉で言うと……

天の高みから見れば、
人は皆、平等に生まれついた存在である。

他人との違いを気にするよりお互いに親しむ心を持つべし

地上に生きている私たちからすると、人間は決して平等とは思えません。生まれつき持っている才能、周囲の環境などには、明らかに差があって、変えることは難しいのです。

でも、たとえば天の高みから見てみれば、そんな差異は、ないのも同然です。人は皆、同じように生きて、同じように死んでいく存在なのです。

このように、自分の立場から見れば大きな問題でも、離れて視点を変えれば、大したことではない――。そう思えば、些細《ささい》なことに心を乱されたり、動揺したり、ということはなくなるはずです。

他人と自分の小さな差異を比べるよりも、お互いに親しみの心と、相愛の気持ちを持って、この世の中で生を全うしていくことが、天に対するわれわれの務めなのです。

84 経済に国境はない

No national boundaries for economic endeavors

経済に国境なし。
いずれの方面においても、
わが智恵と勉強とをもって
進むことを主義としなければならない。

【『渋沢栄一訓言集』国家と社会】

†

現代の言葉で言うと……

経済に国境はない。だから、どこにいても、
自らの才覚と努力によって、
前進しなければならない。

ビジネスでは、国に頼ってはならない

政府間の外交は、「国」を一つの単位として、「国は同じ利害関係や価値観で統一された一枚岩である」という前提に立って行われています。

一方、経済には国境はありません。

民間の経済活動の場では、国という単位に囚《とら》われず、個々の利害関係や価値観に基づいて、自由な関係を築くことができますし、そこにはどんな国籍の人間でも参加できるのです。

経済活動の支援を政府に頼りすぎると、逆にその「国」に縛られることになりかねません。

もちろん、国の力を借りて、太いパイプでつながった関係を築くことも必要です。でも、民間がそれぞれ結んだ細いパイプだって、束になれば強い力になるはずです。

それを信じて、自分自身の力で、自由に、広大なビジネス界を進んでいこうではありませんか。

85 自分が嫌なことは他国にも押しつけない

Don't push something you want to avoid yourself

日中間は同文同種の関係あり。（中略）人情を理解し、己《おの》れの欲せざる所はこれは人に施さず、いわゆる相愛忠恕の道をもって相交わるにあり。

【『論語と算盤』実業と士道】

†

現代の言葉で言うと……

日本と中国は、文化的にも民族的にも、もともと同じ根っこを持つ近しい関係である。

だから、お互いに気持ちを理解して、自分が嫌だと思うことは相手にもせず、互いに愛し、思いやりを持って交流していきたい。

経済交流によって、自国も他国も共に繁栄できる

中国と日本は、国も隣同士であり、思想や風俗を共有してきた、長い歴史があります。それゆえに、お互いの考えも理解しやすいはずです。

そういう相手なら、政治においても、経済においても、もっと尊重し合えるのではないでしょうか。

もちろん、自国の利益を図ろうとするのは当然です。しかし、「どちらの国も共に利益を得られる方法」は、間違いなく存在します。

なぜなら、経済の真の目的とは、一方が持っているものを、持っていない他方に融通し、自分の利益が他人の利益になる――ということにあるからです。

このように、収益事業を行いながら、同時に共存共栄の思想をも実現できてこそ、初めて、両国の友好という真の目的が果たせるのです。

86 アメリカ人気質の長所を大いに学ぼう

The determination to see it through

多くの米国人に接して、
米国気質なるものを察するに、総じて直情径行、
学問を重んじて敢為《かんい》の気質に富み、
思ったことは必ず果たすという風がある。

【『渋沢栄一訓言集』道徳と功利】

†

現代の言葉で言うと……

多数のアメリカ人とつき合ってわかったのは、
彼らの多くは直情径行、勉強熱心で、果敢に行動して、
目的は必ず成し遂げる気質に富んでいる、ということだ。

日本人も「率直さ」と「学問への敬意」を重んじよう

第二次大戦後、日本が国際社会の一員に加われたのは、アメリカのおかげでした。
そのため、現代の日本人は、アメリカ人の気質や習慣の影響を、多く受けています。

では、アメリカ人気質とは、どんなものでしょうか?

自分の目的を定めたら、強引なくらいの情熱で、物事を押し切り、必ず成し遂げる。がさつで細かいことを気にかけない一面もあるが、その一方で、勉学や努力を重んじて、勤勉さに多大な敬意を払うという特徴がある――。

この強気な情熱と、学問を大切にするという性格は、私たち日本人も大いに学ぶべきところです。

しかし、そのアメリカが、今の世界において、人種や宗教で差別的な行動を取っているとは……。

これぱかりは、決して見習いたくないものですね。

87 「よいことをせよ」は世界の共通言語だ

The common language for the world

世界の各種の宗教的観念、信仰等は、遂に一に帰する期のないものであろうか。（中略）いく分かの相違はあるけれども、悪いことをするな、善いことをせよと言う。

【『論語と算盤』理想と迷信】

†

現代の言葉で言うと……

世界にある多くの宗教や信仰が、最後に一つになる時代は来ないのだろうか。多少の違いはあるけれど、結局すべて、「悪いことはするな、よいことをしなさい」と言っている。

親切を喜び、不人情を嫌うのはどの民族も同じ

世界の歴史を振り返ると、十字軍や、カトリックとプロテスタントの対立から、現代の中東で多発しているテロに至るまで、人類は、信教の違いを理由に争いを繰り返してきました。

しかし、それぞれの宗教の教えは、実はそれほど違っているものではありません。

釈迦も、イエス・キリストも、アラーの神も、皆、人間が歩むべき道を説いています。それは、「悪いことをしてはいけない、よいことをしなさい」という一点に集約されます。

もしある人が、人情のない行動を取れば、どのような民族の人であっても、嫌がられるでしょう。

逆に、親切をすれば、誰にも喜ばれるものです。

「悪は悪、善は善」

この共通の教えのもとに、世界は一つになれるのではないでしょうか。

88 人間の根本には「愛」と「善」がある

All teachings say the human foundation is based on love and goodness

いずれの教えにしろ、人間の根本性について説くところは『愛』であり、『善』である。

【『渋沢栄一訓言集』座右銘と家訓】

†

現代の言葉で言うと……

誰の、どのような教えであっても、人間の根本を成すのは〝愛〟と〝善〟である、と共通して説いている。

他の民族との「違い」より「共通点」を見よう

世界には、さまざまな国、文化、民族、宗教があり、それぞれ個性を持った、多くの人が暮らしています。

この坩堝《るつぼ》の中にあって、ほとんどの人々が、「自分はあいつらとは違う、こんなに優れている」と、声高に主張しながら人生を送っています。

そうやって、「違う」ことを主張するのは簡単です。

細かい差異をあげつらっていけば限りはなく、その主張をどこかで認めざるを得ないからです。

一方、「人は人である限り、それほど違わない。

むしろ同じだ」ということを主張するのは難しい。

共通点よりも、差異のほうがずっと指摘しやすいのです。

でも、どの国の、どの時代でも、生まれてきた子は、〝愛〟や〝善〟に接すると、にっこり微笑みます。

この二つが、人がよく生きるための根本であり、それは、すべての民族に共通しているからなのです。

89 外交で最も大切なのは、両国民の感情の融和である

Harmony among the people of different nations is an essential responsibility

外交上世論に訴える場合は、両国政府はもちろん、国民相互に感情の融和に努力するのが肝要であり、またその責任である。

【『渋沢栄一訓言集』国家と社会】

†

現代の言葉で言うと……

他国との外交について、世論に訴えるならば、両国の政府だけでなく、国民同士の感情が打ちとけるよう努めるのが大切で、国にはその責任がある。

小さな小さな努力の積み重ねが、友好関係を生む

現在の国際情勢における、日本の立ち位置を考えてみてください。民間での個人的な交流は、盛んに行われていますが、ひとたび国と国との関係となると、残念ながら、すべての国々と、友好的な信頼を築いているとはいえません。

向こうから見えるイメージは、一政治家の参拝姿。こちらから見えるイメージは、排日デモ。お互い、そんなステレオタイプな国民像ができてしまった例も、残念ながらあります。

多くの人が、よい関係が結ばれることを願い、実際に個人レベルでは、それを築いている人のほうが、圧倒的に多数派であるはずなのに、悲しい現状ですね。

しかし、それでも、お互いの国民、一人一人の小さな行動の積み重ねが、外交関係には必要です。

諦めず、理解し合う努力を続けましょう。

後の世代のため、木の苗を植えるような気持ちで――。

90 人には「黄金の世界」を創る責任がある

We should realize that we all have the responsibility to make this the golden world

およそ人たるものは、この世を
黄金世界となすべき責任あるものと
自覚して、国家につくすべきものである。

【『渋沢栄一訓言集』処事と接物】

†

現代の言葉で言うと……

人として生まれたからには、
この世を素晴らしい黄金の世界にする
責任があることを自覚して、
国家に貢献しなければならない。

誰もが「世界のグランド・デザイン」を考えるべし

人は「自分の人生を豊かでよりよいものにしたい」という欲求を原動力にして、生きています。

と同時に、「この世界を素晴らしい楽園にする」というグランド・デザインの責任もあるのです。

普通に生活していると、自分たちが住むこの世界を、「素晴らしい楽園」や「黄金に輝く場所」にするといった壮大な使命の一端が、私たち一人一人の肩に背負わされているとは思わないでしょう。

でも、今日からこれを自覚してください。

皆が、小さな責任を果たし続けることで、いつか世界は変えられるのです。
むしろ、個人の力が集まることによってしか、大きな改革は成し得ないのです。

第11章

お金儲けの哲学が光る教え

91 「完全な富」を築き上げよう

Ultimate wealth comes from complete belief

完全なる富は
完全なる信念から
生じなければならない。

【『渋沢栄一訓言集』座右銘と家訓】

†

現代の言葉で言うと……

揺るがない完全な信念によって築かれた富だけが、
本当の富である。

「自分を信じる力」なくして完全な富は手に入らない

完全なものを持つことは、簡単ではありません。

それが〝信念〟という形のないものならば、なおさらです。

その信念が完全であるかどうかは、本人にしか判断できませんし、信念を揺るがすような危機も、常に襲ってきます。

実際、ビジネスだろうと、人生だろうと、自信を喪失しそうになる危機に、人は何度も直面します。

しかし、それでもその危機をはね返し、立ち直り、事業を成功させることができたとしたら、そのパワーは、どこから生まれてくるのでしょうか。

危機をくぐり抜け、成功するのに、能力はもちろん必要です。

でも、それよりもっと大切なものがあります。

それは、自分を信じる力です。

「自分は絶対に成功する」と、心から信じる気持ちです。

この完全な信念があってこそ、あなたの求める完全な富は、手に入るのです。

92 富は卑しいものではない

Wealth is not distasteful

孔子の言わんと欲する所は、道理をもった富貴でなければ、
むしろ貧賤の方がよいが、
もし正しい道理を踏んで得たる富貴ならば
あえて差支えないとの意である。

【『論語と算盤』仁義と富貴】

†

現代の言葉で言うと……

孔子が説こうとしたのは、こういうことだ。
「心正しい方法で得た富や地位でないのなら、そんなものはいらない、貧しいままでよい。正しい道理にのっとって得た富や地位なら、持っていても何ら恥じることはない」

心正しく得た富は、誇るべきである

富や地位を求める人には、〝仁義〟すなわち思いやりや、〝王道〟つまり筋の通った正しい心があるわけがない。

だから、人として品性高くあれ、と心がけるなら、富や地位に対する欲望は捨てるべきである――。

このような偏見が、日本社会にはあるようです。

そのため、よく、「公職に就いている者は、個人の経済活動をやめて、社会福祉にのみ寄与すべきだ」などと、極論を主張する人もありますが、そういう考え方は、大きな間違いです。

富は卑しいものではありません。

正しい方法で得た富は、誇ってもよいものです。

卑しむべきものがあるとしたら、信義にもとる行為や不正によって富を得る、その間違った心のほうです。

93 お金を持つことには義務が伴う

Responsibilities of wealth

玉石混淆して一様に断り、門戸を閉鎖してしまうようでは、単《ひと》り賢者に対して礼を失するのみならず、社会に対する義務を完全に遂行することができません。

【『論語と算盤』 仁義と富貴】

†

現代の言葉で言うと……

誰が訪ねてきても一様に面会を断って、扉を閉ざしたままだと、訪問者の中に立派な人がいた場合、失礼に当たる。

さらに、その人を通じて自分ができたかもしれない、社会に対する貢献をも、放棄してしまうことになる。

成功した人や国は、社会や世界に尽くさねばならない

あなたが成功して、大きなお金を持つと、大勢の人が、いろいろな思惑を持って近づいてきます。

面倒で、誰にも会いたくなくなるかもしれませんが、それでは、いい縁に巡り合うチャンスも、捨てることになってしまいます。

それは、社会に対する義務を放棄することに他なりません。

お金を持った人や、お金を持った国には、必ず果たさねばならない義務があります。

それは、社会や世界の発展をリードすることであったり、福祉や慈善に関わることであったりと、さまざまです。

もしそれを、面倒だからと言って放棄してしまえば、経済は停滞し、格差が生まれ、衝突が起こるでしょう。

そして結局、自分にとって大きな不利益を招く可能性も、また高くなるのです。

社会のため、自分のため、「持てる者の義務」を果たしましょう。

94 優れた人格とお金儲けは立派に両立する

Competition and making money, misunderstood

かくのごとき誤解あり（中略）
仁義道徳をもって人を治める者は、
生産利殖などに関係する者ではない……

【『論語と算盤』実業と士道】

†

現代の言葉で言うと……

次のような誤解が存在する。
「仁義の精神と道徳の心を持って
人の上に立つ人物は、
金儲けなどに関わりがないはずだ」と。

多くの人が、お金儲けと社会貢献を同時に実践している

慈愛の心を持って、社会のために行動する人物は、きっとお金儲けなどはしない天使のような人だ——。

こんなふうに考えている人は多いでしょう。

それを言い換えれば、「お金儲けに走る人たちは、慈しみの気持ちなどなく、自分のことしか考えていない」という理屈になります。

でもこれは、単なる思い込みなのです。

競争は、何事にも伴うものです。

そして確かに、「競争に勝つという目的のためには、どのような手段を使っても構わない」という、利己的な心理になることもあるでしょう。

しかし、法とルールを守って競争に勝つ立派な人格の持ち主も、多く存在します。

実際、自らの信義に基づいて、お金儲けと社会貢献とを両立させている人は、世界の実業界には、数え切れないほどいるのです。

その人たちにとって、財産とは、競争の目的ではなく、結果に過ぎません。

95 お金の善し悪しは使う人によって決まる

The soul is with the person, not money

金はそれ自身に善悪を判別するの力はない、
善人がこれを持てば善くなる、
悪人がこれを持てば悪くなる。

【『論語と算盤』仁義と富貴】

†

現代の言葉で言うと……

お金自体には〝よいお金〟〝悪いお金〟という区別があるわけではない。
善人が持てばよいお金、
悪人が持てば悪いお金になるだけだ。

お金は、持つ人の心を試している

お金で、辛子《からし》を甘くすることはできません。

しかし、お金で、辛味を消すことができるほどたくさんの砂糖を買うことはできます。

また、いつもは辛口の批評をする人も、お金のことになると、急に甘口になることがあります。

このように、お金には、「不可能を可能にする力」や「日常を非日常にする力」があるのです。

ただ、お金には心がありません。お金が善用されるか、悪用されるか。

それは、使う者の心が反映された結果なのです。

もし、間違った方向に使われれば、社会に対する悪事に力を貸すことにもなりかねません。

賄賂、不正取引、犯罪……これらに関わった途端、お金は〝悪いもの〟として、忌み嫌われるのです。

お金を手にしたとき。それは、あなたの心が試されているときなのです。

96 お金はうまく集めて、うまく使え

Money, make it well & use it well

よく集めてよく散じて社会を活発にし、従って経済界の進歩を促すのは有為の人の心懸くべきことであって、真に理財に長ずる人は、よく集むると同時によく散ずるようでなくてはならぬ。

【『論語と算盤』 仁義と富貴】

†

現代の言葉で言うと……

お金をさかんに集めてさかんに使い、社会を活気づけて経済を伸長させるよう、優れた人は心がけるべきだ。

本当に財産運用が上手な人は、集めることと同時に使うことにも長けていなければならない。

貯め込むだけの「お金の奴隷」になるな

一生懸命働き、困難を乗り越えて、あなたはやっと今、大きな富を手にしました。これまでの努力や才覚の対価であるそのお金は、あなたにとって、とても大切なものでしょう。

しかし、その大切なお金を、手元に置いておくだけでは、まったく意味がありません。経済とは、たくさんのお金が市場を活発に回ってこそ、発展し、さらに利益を生み出すものだからです。

ですから私たちは、お金を大事にすると同時に、上手に使うことを忘れてはなりません。ひたすら蓄え、貯め込むだけの、「お金の奴隷」にならないよう、注意するべきです。

ただし、使うことも、行き過ぎると乱費になります。

貯めること、使うこと、どちらが過剰になってもいけないのです。

97 人間は物欲の奴隷になりやすい

Not being a slave to material goods, the cool way to make money

人情の弱点として、利欲の念よりややもすれば富を先にして道義を後にする弊を生じ、過重の結果、金銭万能のごとく考えて、大切なる精神上の問題を忘れて、物質の奴隷となりやすいものである。

【『論語と算盤』仁義と富貴】

†

現代の言葉で言うと……

人の心の弱点として〝欲〟があるので、どうしても道義よりも利益を優先させてしまいやすい。さらには、お金があれば何でもできると思い込み、大切な心を捨て去って、物欲の奴隷になりがちである。

モラルを守ってかっこよく儲ける「スマートなお金持ち」を目指そう

日本では古来、お金を卑しむ風潮があるようです。

身分や徳の高い者は、お金に近づくのをよしとせず、凡人は、お金の魔力に取りつかれないよう、常に恐れる気持ちを持つべきだ……などと説かれます。

しかし、国政でも、庶民の日常生活でも、それを営み賄うには、必ずお金と関わらねばなりません。

もちろん、同じく国政にも、庶民生活にも、モラルというものが必要です。

お金とモラル、経済と精神――。

このどちらが欠けても、社会は成り立ちません。

「お金を儲ける人」と「道徳を守り実行する人」を、二者択一のように分ける必要はないのです。

むしろ、この両立ができる、〝スマートなお金持ち〟を目指しましょう。

98 義は大切だが、利を度外視してはならない

Morality and profitability must be in balance,
yet it is obvious that
there must be profits to attract capital

いつでも事業に対する時には、
利に喩らず義に喩ることにしておる。
多数の人より資本を寄せ集むるには、
事業より利益の挙がるようにせねばならぬ。
利益を度外におくことを許さぬは勿論である。

†

【『論語講義（二）』里仁第四】

現代の言葉で言うと……

常にビジネスにおいては、利益ばかりに走らず、信義を大切にすることを心がけている。ただ、多くの人から資本を集めるには、事業で利益を上げねばならず、それを度外視することは、当然、許されない。

利益を忘れたら、それはもう事業ではない

事業とは、「お金を儲けたい」というだけの心構えで、始められるべきではありません。

その事業が、社会に対して必要とされるものであるか、自分の信義や、人としての王道に適っているか、まずはそのことを、よく考えるべきでしょう。

ただし、営利事業である限り、利益は上げなければいけません。社会全般を益すると同時に、資本を提供する株主も益するものでなければなりません。社会のため、人のためだからと言って、利益を度外視するようでは、ＮＰＯ（非営利団体）の事業も成り立たないでしょう。

〝利〟のためには、まず〝義〟を考える。そして、〝利〟を得てこそ〝義〟を尽くせるのです。

99 ビジネスという木を育てるには、道徳という根を固めろ

Deep roots are set with morality

道徳を欠いては、決して世の中に立って、大いに力を伸ばすことはできない。農作物でもさようである。肥料をやって茎が伸び、大きくなるに従ってこれに相応して根を固めなければならない。しからざれば風が吹けば必ず倒れる。実が熟さぬ中に枯れてしまう。

【『渋沢栄一訓言集』道徳と功利】

†

現代の言葉で言うと……

道徳心のない者は、絶対に世の中で活躍することはできない。農作物と同じことだ。肥料を吸って茎を伸ばし、成長するに従って、それを支えられるだけの根を張らなければならない。根となる道徳心もなく、ただ野心だけを育てていけば、逆風に遭ったとき、たちまち倒れ、成功という実が熟す前に枯れてしまうものだ。

モラルなくしてビジネスの永遠の繁栄なし

ここに、一本の若木があります。

肥料をたくさん吸収して、枝が伸び、葉が繁り、立派な大木になろうとしています。

では、その根はどうなっているのでしょうか。

地中に埋もれていて、その長さや太さは見えません。

ですから、人はふだん、根のことなど忘れています。


そんなある日、木は突風に襲われました。

そして、呆気なくも倒れて、枯れてしまったのです。

そう、この木の根は、細く弱かったのです。


この「木」とはビジネスです。

そして「根」とは道徳、モラルです。

ビジネスにおいて、一時の隆盛ではなく、永遠の繁栄を望むなら、モラルをこそ、しっかりと固めてください。

100
富を永続させよう

For eternal wealth, do it right

①真正の利殖は仁義道徳に基かなければ、決して永続するものではない。

【『論語と算盤』仁義と富貴】

②論語と算盤という懸け離れたものを一致せしめる事が今日の緊要の務めと自分は考えているのである。

【『論語と算盤』処世と信条】

†

現代の言葉で言うと……

①仁義や道徳によらなければ、本当の富を、永遠に殖やし続けることはできない。

②論語とそろばん——つまり道徳と経済というかけ離れて見える二つを融合することが、今、最も重要な自分の義務だと考えている。

「論語とそろばん」の考え方がＬＯＨＡＳ的な生き方を可能にする

近年、ＬＯＨＡＳ《ロハス》（Lifestyles of Health and Sustainability）という言葉が、広く知られるようになりました。

実は、「生活を、健康に永く保とう」というこの考え方は、道徳と経済を融合させる「論語とそろばん」の考え方と、大きく重なっているのです。

富を築こうとするときには、もちろん、大きな意欲を持って、収益を図ることが大切です。ただ、意欲だけではなく、正しい道を進まなければ、たとえ富を手にしても、永続させることはできません。

「そろばん勘定」が上手なら、自分の懐は温まるでしょう。

ただ、それがあなた一人のための利益に過ぎず、社会全体には利益をもたらさないのであれば、いずれ、あなた個人の幸福もその生活も、衰え失われて、持続できなくなるかもしれません。

一方、『論語』を読むだけの聖人のようであっては、行動もせず、持続させる〝富〟もそもそも足りません。

個人も社会もサステナブル（持続可能）であるためには、『論語』と「そろばん」の両方が必要なのです。

おわりに

未来に生きる渋沢栄一の「黄金の知恵」

最後まで読んでいただき、ありがとうございました。読者の皆さんが本書のページをめくる過程で、何か「気づき」をご提供できたのであれば、うれしいことです。

「はじめに」にも記しましたが、渋沢栄一が文章や講演に残した考えに現在の光を当ててみると、時代や国を越えた普遍的なメッセージがたくさん見つかりました。そこから、栄一に対する私の興味は一気に高まりました。

過去を、今から変えることは決してできません。しかし、過去は、私たちの今の行動に参考になるたくさんの教訓を残してくれています。

一方、将来がどうなるかは、今の段階では確実にわかりません。ただ、日本の将来の姿を形作っていくのは、私たちの今の行動の積み重ねです。

つまり、昔の教訓を、今読み解いてみることは、まさに私たちの将来のためなのです。永続的に豊かに暮らせる明るい将来を迎えるために、どのように考え、感じて、行動するか。そのヒントを過去から学ぶのです。そして、その黄金のようなヒントが本書にはたくさん詰まっています。

私が渋沢栄一に関する講演依頼を受け始めたのは、主に二〇〇三年前後からです。ブログ「渋沢栄一の『論語と算盤』を今、考える」(http://blog.livedoor.jp/

shibusawaken/）を書き始めたのは、二〇〇四年の六月です。私もまだ勉強不足ですので、栄一の言葉が残っている新たな資料が入手できるかぎり、このブログは続けるつもりです。

本書で「何か心に残る言葉と出合えた」と思われた方は、ぜひ、栄一が残したオリジナルの言葉にも直接触れてください。私の考えとは違う解釈を思いつく方もいらっしゃるでしょう。その場合は、どうぞご教示ください（info@shibusawa-co.jpまで）。

『論語と算盤』などに残された渋沢栄一の思想を、現代の言葉にかみ砕いて本にしてみたい。この単純な思いに快くご賛同くださり編集にご尽力を頂戴した講談社の広部潤さんと、原稿作成にいろいろご協力くださった小林奈津子さんには、重ねてお礼を申し上げなければなりません。

感謝（と、お詫び？）をしなければならないのは、執筆作業によって一緒に遊ぶ時間がなくなってしまった家族に対してです。しかし、おかげさまで、いつか息子たちに手に取って読んでほしい本を書くことができました。

この本は特に、息子たちと彼らの世代、つまり私たちの将来を背負う人々に捧げたいと思います。

渋沢栄一の思想を一言でいえば、「個人が一人一人、しっかりと社会全体のことを考え、感じて、行動に移せば、健全に富を築くことができ、国や世界も発展して、永続する」というものです。この考えは、どんな時代のどんな政治・経済体制のもとでも、決して朽ちることのない最上の理想だと、私は確信しています。

渋澤 健

二〇〇七年三月

参考資料について

渋沢栄一研究者にとって必読の資料は、『渋沢栄一伝記資料』本編全五八巻、別巻全一〇巻です。http://www.shibusawa.or.jp/eiichi/mokuji.html#01に目次が記載されています。

渋沢栄一について、さらに詳しくお調べになりたい方は、東京都北区の王子駅から徒歩五分の飛鳥山公園にある渋沢史料館（http://www.shibusawa.or.jp/museum/index.html）および渋沢栄一記念財団（http://www.shibusawa.or.jp）までお問い合わせください。

その他、以下の書籍も有力な参考資料になります（順不同）。

渋沢栄一『論語と算盤』（国書刊行会）
渋沢栄一『論語講義』（講談社学術文庫）
渋沢栄一『渋沢栄一訓言集』（国書刊行会）
渋沢栄一　長幸男校註『雨夜譚』（岩波文庫）

渋沢秀雄『世界伝記全集18　渋沢栄一』（ポプラ社）
渋沢雅英『太平洋にかける橋　渋沢栄一の生涯』（読売新聞社）
木村昌人『渋沢栄一　民間経済外交の創始者』（中公新書）
城山三郎『雄気堂々　上・下』（新潮文庫）
山本七平『近代の創造』（ＰＨＰ研究所）
津本陽『小説渋沢栄一　上　暖々たり』（ＮＨＫ出版）
津本陽『小説渋沢栄一　下　虹を見ていた』（ＮＨＫ出版）
童門冬二『小説渋沢栄一』（経済界）
童門冬二『渋沢栄一　人間の礎』（経済界）
童門冬二『論語とソロバン』（祥伝社）
佐野眞一『渋沢家三代』（文春新書）
永川幸樹『渋沢栄一　人間、足るを知れ』（ＫＫベストセラーズ）
田澤拓也『渋沢栄一を歩く』（小学館）
島田昌和『渋沢栄一の企業者活動の研究』（日本経済評論社）
渋澤健『渋沢栄一とヘッジファンドにリスクマネジメントを学ぶ』（日経ＢＰ社）

本書は二〇〇七年四月に講談社より刊行された『巨人・渋沢栄一の「富を築く100の教え」』を文庫化にあたって改題の上、加筆修正したものです。

日経ビジネス人文庫

渋沢栄一《しぶさわえいいち》　100の訓言《くんげん》
「日本資本主義《にほんしほんしゅぎ》の父《ちち》」が教《おし》える黄金《おうごん》の知恵《ちえ》

2010年8月2日　第1刷発行
2024年6月19日　第22刷

著者
渋澤 健
しぶさわ・けん

発行者
中川ヒロミ

発　行
株式会社日経ＢＰ
日本経済新聞出版

発　売
株式会社日経ＢＰマーケティング
〒105-8308 東京都港区虎ノ門4-3-12

ブックデザイン
鈴木成一デザイン室
西村真紀子(albireo)

印刷・製本
図書印刷

Printed in Japan ISBN978-4-532-19553-3

本書籍に関するお問い合わせ、ご連絡は下記にて承ります。
https://nkbp.jp/booksQA

nbb 好評既刊

社長になる人のための経営問題集

相葉宏二

「部下が全員やめてしまったのはなぜか?」「資金不足に陥った理由は?」――。社長を目指す管理職や中堅社員のビジネス力をチェック。

仕事がもっとうまくいく!気持ちが伝わる「手書き」ワザ

青山浩之

パソコンで作った書類やメール全盛だからこそ、手書きが威力を発揮する。あなたの字のクセを直し、相手に伝わる字に変わる!

生きっぱなしの記

阿久 悠

「北の宿から」「勝手にしやがれ」「UFO」――。歌謡曲の黄金時代を築いた阿久悠。常に時代に向き合い言葉を探し続けた男の自伝。

吉野家の経済学

安部修仁・伊藤元重

牛丼1杯から日本経済の真理が見える! 話題の外食産業経営者と一級の経済学者が、楽しく、真面目に語り尽くす異色の一冊。

魔法のラーメン発明物語

安藤百福

「チキンラーメン」「カップヌードル」を生み出した、日清食品創業者の不撓不屈の人生。チキンラーメン50周年に合わせて文庫化。

nbb 好評既刊

「美の国」日本をつくる
川勝平太

歴史家だからこそ見える日本の問題を一刀両断！　グローバル時代に必要な発想とは何かを真摯に問う、明日を考えるための文明論。

近代文明の誕生
川勝平太

日本はいかにしてアジア最初の近代文明国になったのか？　静岡県知事にして、独自の視点を持つ経済史家が、日本文明を読み解く。

資本主義は海洋アジアから
川勝平太

なぜイギリスと日本という二つの島国が経済大国になれたのか？　海洋史観に基づいて近代資本主義誕生の真実に迫る歴史読み物。

働く意味 生きる意味
川村真二

心に雨が降る日には、本書を開いてほしい。誰もが知っている日本人の力強い言葉を通して、働くこと、生きることの意味を考える。

心に響く勇気の言葉100
川村真二

信念を貫いた人たちが遺した名言から生きるヒントを読み解く！〝よい言葉〟から意識が生まれ、行動が変わる。明日が変わる。

nbb 好評既刊

BCG流 経営者はこう育てる
菅野 寛

「いかに優秀な経営者になり、後進を育てるか」。稲盛和夫や柳井正などとの議論をもとに、「経営者としてのスキルセット」を提唱する。

その日本語は間違いです
神辺四郎

「汚名を挽回する」——実はこれは誤用です。決まり文句から諺・格言・漢字の書き間違いまで、これだけ覚えればビジネスマン合格。

組織は合理的に失敗する
菊澤研宗

個人は優秀なのに、なぜ〝組織〟は不条理な行動に突き進むのか? 旧日本陸軍を題材に、最新の経済学理論でそのメカニズムを解く!

セーラが町にやってきた
清野由美

創業250年の造り酒屋を再構築、長野県小布施町を町おこしの成功例として一躍全国区にした、米国人女性セーラ・カミングスの物語。

会社が嫌いになっても大丈夫
楠木 新

順風満帆だった会社員が働く意味を見失った……。会社人生を超え、真の「生きる意味」「働く意味」を見つけるためのヒントがここに。

nbb 好評既刊

食に幸あり

小泉武夫

小泉流肉ジャガ、コンビーフ丼、ヒジキ飯、黒砂糖焼酎――。小泉先生直伝、手近な材料、意外な取り合わせで出来る素朴で美味な料理の幸。

小泉武夫の料理道楽 食い道楽

小泉武夫

山の幸、海の幸、珍しい食物、意外な料理法など、著者ならではのヨダレたらたら、頬っぺた落としの食楽ワールドを収録。

小泉武夫の美味いもの歳時記

小泉武夫

春はメバルの煮付けでぬる燗、夏は茹で豚の冷やしポン酢和えミョウガ撒き……。ご存知小泉先生が教える四季折々の美味いもの。

食あれば楽あり

小泉武夫

『食に知恵あり』に続く第2弾。今回も小泉先生の食に対する飽くなき探究心と愛情が炸裂! 腹の虫もうなる楽しいエッセイ集。

カルロス・ゴーン経営を語る

カルロス・ゴーン
フィリップ・リエス
高野 優=訳

日産を再生させた名経営者はどのように困難に打ち勝ってきたのか? ビジネス書を超えた感動を巻き起こしたベストセラーの文庫化。

好評既刊

増補版 日本経済の罠
小林慶一郎
加藤創太

バブル崩壊後、日本経済の再生策を説き大きな話題を呼んだ名著がついに復活！　未曾有の世界的経済危機に揺れる今こそ必読の一冊。

歴史からの発想
堺屋太一

超高度成長期「戦国時代」を題材に、「進歩と発展」の後に来る「停滞と拘束」からいかに脱するかを示唆した堺屋史観の傑作。

エキスペリエンツ7　団塊の7人 上・下
堺屋太一

消滅の危機迫る駅前商店街を救うべく、7人のエキスペリエンツ（経験あふれる者）が起ち上がる！　団塊世代の今後を描く熱闘物語。

歴史の使い方
堺屋太一

本能寺の変、関ヶ原の戦いなどのエピソードを紹介しながら、歴史の楽しみ方、現代への役立て方を説く。やっぱり歴史は面白い！

東大講義録　文明を解くⅠ・Ⅱ
堺屋太一

作家・堺屋太一が1980年代生まれの世代に向けて文明の由来と未来について語った講義録。東大生も感動した内容を公開。

nbb 好評既刊

モンゴルが世界史を覆す
杉山正明

モンゴルは、実は「戦わない軍隊」だった——。モンゴル帝国は世界と日本に何をもたらしたのか。あなたの常識を問う歴史読み物。

「数」の日本史
伊達宗行

「ひい、ふう、みい」はいつ頃から「いち、に、さん」に変わったのか？　縄文から現代まで、日本の数文化を描く知的冒険の書。

新しい中世
田中明彦

混沌を深める世界はどこへ向かうのか。ヨーロッパ中世になぞらえた「新しい中世」の概念で、移行期の世界システムを鋭く分析。

古代学への招待
谷川健一

古代の女性天皇は巫女だった。ヤマトタケルは水銀の毒で斃れた——。民俗学の泰斗が明かす、古代日本の知られざる真実。

通貨燃ゆ
谷口智彦

戦争、ニクソンショック、超円高、円圏構想や人民元論議まで、通貨をめぐる大きな出来事の裏にある国家間の熾烈なせめぎ合いを活写。

nbb 好評既刊

貯蓄率ゼロ経済

櫨 浩一

2020年にはゼロになるという日本の家計貯蓄率。その時、日本経済はどうなっているのか？「貯蓄」から日本経済の未来を描き出す！

図で考える人は仕事ができる

久恒啓一

図で考えると物事の構造や関係がはっきりわかり、思考力や解決力もアップ。図解思考ブームを生んだ話題の本がいよいよ文庫化。

上方芸人 自分史秘録

古川綾子

おもろくて、ちょっぴり切ない、芸人たちの波瀾万丈の生涯と芸への想い……本人の著作や談話、秘蔵資料でたどる知られざる素顔。

本田宗一郎 夢を力に

私の履歴書

本田宗一郎

本田宗一郎が自らの前半生を回顧した「私の履歴書」をもとに、人間的魅力に満ちたその生涯をたどる。「本田宗一郎語録」も収録。

松下幸之助 夢を育てる

私の履歴書

松下幸之助

弱冠22歳の創業以来、電器一筋に世界的メーカーを育て上げ、「水道哲学」の理念の下、社会への発言を続けた〝経営の神様〟の履歴書。